LES ALLEMANDS

DANS LE

DÉPARTEMENT DE SEINE-ET-OISE.

144

TABLEAU

DE LA

GUERRE DES ALLEMANDS

DANS LE DÉPARTEMENT

DE SEINE-ET-OISE

1870-1871.

PAR

GUSTAVE DESJARDINS

Archiviste du département de Seine-et-Oise.
Ancien élève de l'École des Chartes.

VERSAILLES

CERF ET FILS, IMPRIMEURS DE LA PRÉFECTURE

59, RUE DU PLESSIS,

—

1873

A LA MÉMOIRE

DE

Monsieur AUGUSTIN COCHIN

MEMBRE DE L'INSTITUT DE FRANCE

PRÉFET DU DÉPARTEMENT DE SEINE-ET-OISE

Le travail qu'on va lire est dû à l'initiative de l'homme éminent dont nous pleurons la fin prématurée. Ce noble et courageux esprit pensait qu'il avait le devoir de sonder d'abord d'un regard ferme les plaies du pays confié à son administration. Pour proportionner le remède au mal, il fallait connaître toute la gravité des pertes et des défaillances. La justice, en même temps que la reconnaissance, exigeait que les actes de dévouement et de vertu civique fussent également mis en lumière.

Dans ce double but, il provoqua (¹) dans tout le département une enquête dont l'archiviste de la préfecture fut chargé de centraliser les résultats. Nous recevions à peine les premières réponses à cet appel que M. Cochin sentait les atteintes de la maladie qui l'emporta. Peut-être aurait-il, avec cette autorité que donne une haute intelligence et une vie entièrement consacrée au bien public, tiré lui-même de ces événements un enseignement accepté de tous? L'écrivain chevaleresque qui, sous les obus prussiens, a fait, devant les assiégés, dignes de l'entendre, l'éloge d'une reine prussienne (²),

---

¹ Le 18 décembre 1871.
² *Revue des Deux-Mondes*, du 15 février 1871. — La reine Louise de Prusse.

aurait sans doute, adouci l'âpreté trop naturelle d'un narrateur, deux fois victime, comme français et comme lorrain, de cette guerre maudite.

Sa mort m'a privé de ses conseils et je suis réduit à présenter au public mon œuvre personnelle. J'ai tâché du moins d'être impartial, et je n'ai allégué aucun fait dont je ne sois prêt à fournir la preuve.

Versailles, le 21 avril 1872.

LES ALLEMANDS

DÉPARTEMENT DE SEINE-ET-OISE

I

Au début de la campagne.

§ 1. — DU 10 AOUT AU 4 SEPTEMBRE.

Parmi les dépêches des préfets, laissées au château de Saint-Cloud et publiées par M. de Bismarck, afin de démontrer que la guerre, déclarée à la Prusse par l'empereur Napoléon III, était dans le vœu de la France, on ne trouve pas le rapport de M. Cornuau, conseiller d'état, préfet de Seine-et-Oise, qui ne pouvait être cité à l'appui de la thèse soutenue par le chancelier de l'empire germanique [1]. Dans le département, en effet, la première impression avait été la stupeur. Elle fit place, à la nouvelle de la défaite de Wissembourg, aux plus vives appréhensions. Bien que cet échec fût en lui-même peu grave, la Nation, avertie par un de ces pressentiments précurseurs des catastrophes, perdit toute confiance, dès le début de la campagne.

L'attention du premier magistrat de Seine-et-Oise fut concentrée exclusivement sur la défense du pays. A l'orga-

[1] Le 9 juillet, le préfet écrivait au ministre de l'intérieur : « le pays « veut la paix avec passion. »

nisation de la garde nationale sédentaire que la loi met dans ses attributions, un accord intervenu entre les ministres de la guerre et de l'intérieur réunit la levée, l'équipement et l'armement de la garde mobile qui n'existait encore que sur le papier. En même temps, on lui demanda de concourir à l'approvisionnement de Paris. Le département fut déclaré en état de siége par décret du 8 août. L'inquiétude donnait au gouvernement des allures nerveuses dont le télégraphe faisait sentir le contre-coup aux préfets ; à toute heure du jour et de la nuit, se succédaient les ordres et les contr'ordres. Heureusement, M. Cornuau joignait à un caractère froid une conception rapide et une grande expérience. Il demeura entièrement maître de lui-même et ne laissa entraîner son zèle à aucune mesure irréfléchie ou inconséquente.

Dans d'autres départements, la garde mobile fut appelée au chef-lieu, puis renvoyée dans ses foyers, faute de logement et de solde, puis rappelée. Grâce à l'esprit pratique de M. Charlery, capitaine-major, l'organisation se fit promptement, mais sans précipitation. Les cadres étaient, dès le 1er août, réunis et exercés. Pendant que l'industrie locale confectionnait l'équipement, des conseils de révision spéciaux examinaient les hommes. Par des démarches réitérées au ministère de l'intérieur, le préfet obtenait des fusils dits *à tabatière*. Quand les vêtements furent prêts, on les envoya au lieu désigné pour la réunion des bataillons, convoqués au 26 août [1]. On en forma, le 2 septembre, deux régiments, qui reçurent les numéros 51 et 60. M. Abraham fut nommé lieutenant-colonel du premier, qui comprit les 4e, 5e et 6e bataillons, et M. Rincheval fut mis, avec le même titre, à la

---

[1] Versailles, pour le 6° bataillon, comprenant les hommes des cantons de Palaiseau, Sèvres et Versailles (arrondissement de Versailles), et des cantons de Boissy-Saint-Léger et Longjumeau (arrondissement de Corbeil); — Saint-Germain, pour le 5e, formé des hommes du reste de l'arrondissement de Versailles; — Etampes, pour le 1er, arrondissement d'Etampes et cantons d'Arpajon et Corbeil (arrondissement de Corbeil); — Mantes, pour le 2e, arrondissement de Mantes et canton de Marines (arrondissement de Pontoise); — Pontoise, pour le 3e, reste de l'arrondissement de Pontoise; — Rambouillet, pour le 4e, arrondissement de Rambouillet

tête du second, composé des 1er, 2e et 3e bataillons. Les jeunes gens montraient les meilleures dispositions ; leur instruction fut poussée avec activité et quand, le 12 septembre, ils partirent pour Paris, quoique la plupart fussent seulement vêtus de tuniques en toile grise, ils avaient déjà une tournure militaire. Les cantons de Versailles avaient fourni trois batteries d'artillerie, casernées depuis six semaines au Mont-Valérien, sous le commandement de M. d'Amonville. chef d'escadron.

Dans les communes, on procédait au recrutement des gardes nationaux sédentaires et à l'élection des officiers. Partout on réclamait des armes. Bien que le ministre de l'intérieur eût plusieurs fois annoncé au corps-législatif, que le département de Seine-et-Oise en était pourvu, la direction d'artillerie à Paris, n'en avait fourni qu'un nombre tout-à-fait insuffisant. On insinuait déjà que le préfet ne voulait pas distribuer les fusils qu'on lui expédiait. Pour faire taire ces murmures, auxquels la contradiction entre la parole et les actes du gouvernement donnait une apparence de raison, M. Cornuau prit le parti d'envoyer lui-même chercher des armes aux arsenaux de Rennes, Caen et Cherbourg,

Les militaires libérés, âgés de moins de trente-cinq ans, furent appelés et dirigés aussitôt vers les dépôts de leurs anciens corps.

Le département ne répondit que faiblement à l'invitation de venir défendre la capitale, lancée, le 15 août, à tous les pompiers de France.

Des affiches engagèrent les cultivateurs à porter à Paris toutes leurs récoltes.

A ce moment, on s'apercevait, un peu tard, que, depuis dix ans, les pâturages du plateau de Satory étaient affermés à des Allemands et que les abords de l'école Saint-Cyr étaient occupés par des gens suspects. L'imagination populaire, exagérant ces faits, ne voyait plus partout qu'espions prussiens, et les dénonciations affluaient à la préfecture. Renvoyées au général, chargé de la police pendant l'état de siège, elles le déterminèrent à prendre un arrêté d'expulsion. Malheureusement, les espions n'avaient guère à signaler que l'affaiblissement intellectuel, moral et numérique de l'armée et l'abaissement de l'esprit public. Quoi qu'il en soit, en voyant plusieurs de ces bannis revenir dans les fourgons de l'armée prussienne, nous n'avons pas regretté cette décision. Parmi les Allemands qui purent rester, quelques-uns nous blessèrent par leur attitude; d'autres se rendirent très-utiles en servant d'interprètes [1].

Dès le commencement de la guerre, la société de secours aux blessés avait fait un appel aux personnes charitables qui avaient répondu avec empressement. A côté d'elle, s'était établi un comité départemental qui étendait sa sollicitude aux familles des militaires [2]. Un grand nombre de châteaux et de maisons se transformaient en ambulances. A l'instigation de madame Cornuau, les dames de Versailles s'étaient constituées en atelier pour la confection de bandes et de charpie. Elle y travaillait elle-même avec cette ardeur de dévouement dont on lui a déjà vu donner des preuves si éclatantes [3].

Le préfet venait de fixer au 5 septembre les opérations du conseil de révision des jeunes soldats de la classe de 1870, appelée par décret du 20 juillet, lorsque le désastre de Sedan amena la chute de l'empire.

§ 2. — Après le 4 septembre.

Le 5 septembre, M. Charton, ancien conseiller d'état, secrétaire général du ministère de l'instruction publique en 1848 et membre du conseil municipal de Versailles, était nommé préfet de Seine-et-Oise par le gouvernement de la défense nationale. Il n'avait pas souhaité cette nomination et même, pour éviter au département la secousse d'un changement dans la direction, il aurait désiré déterminer l'ancien préfet,

---

[1] M. Schweitzer, hanovrien, défendit, à Belloy, les intérêts français avec tant de chaleur, que les Prussiens l'emprisonnèrent et furent sur le point de le fusiller.

[2] Le comité départemental de Seine-et-Oise, présidé par M. Boselli, distribua 149,968 fr. 44 c., tant en secours aux blessés qu'en subventions aux familles des militaires en campagne.

[3] La ville d'Amiens n'oubliera pas sa charité héroïque pendant le choléra de 1866.

dont tout le monde appréciait les hautes qualités, à demeurer en fonctions et le nouveau pouvoir à l'y maintenir. Il fit dans ce but, auprès de M. Cornuau, une démarche qui honore ces deux hommes respectables. Mais M. Cornuau, qui avait déjà reçu des autorités parisiennes l'ordre de faire arrêter le préfet de police, ne pouvait paraître se prêter à une réaction contre le gouvernement qu'il avait loyalement servi, et il répondit qu'il était absolument résolu à ne pas demeurer un instant de plus dans une aussi fausse situation. M. Charton hésitait encore, et il ne se résigna à accepter sa succession qu'en voyant surgir des candidatures dangereuses pour le département et compromettantes pour la cause dont il désirait le triomphe. En entrant à la préfecture, il déclara qu'il ne profiterait pas de son traitement. Après avoir passé toute sa vie à répandre le goût des sciences et des arts de la paix, il était singulièrement amer à un républicain de se consacrer tout entier au soutien d'une guerre entreprise follement par l'empire dont il avait toujours été l'adversaire.

Sous le ministère du comte de Palikao, M. Hély d'Oissel, maire de Poissy, muni d'une recommandation de M. Henri Chevreau, ministre de l'Intérieur, avait été demander au gouverneur de Paris d'envoyer quelques officiers pour organiser dans le département des centres de résistance, autour desquels se grouperaient les gardes nationaux dont la dispersion rendait la bonne volonté inutile. Il ne put obtenir aucune réponse. Le général de Longuerue avait reçu seulement quelques prescriptions vagues et plus applicables aux départements situés aux extrémités de la France qu'à celui de Seine-et-Oise.

Le premier soin de M. Charton fut de solliciter des ministres de la guerre et de l'intérieur des instructions précises. Deux courants entraînaient ses administrés en sens contraires : les uns ne voulaient pas livrer à l'ennemi le terrain sans combat ; les autres s'effrayaient des malheurs qui seraient la conséquence d'une résistance inutile. Dans les campagnes, beaucoup de propriétaires s'inquiétaient plus des maraudeurs que des Prussiens. Les voleurs et malfaiteurs enfermés dans les maisons de détention, s'agitaient, prêts à rompre les portes de leurs prisons, et menaçaient de jeter dans le pays de nouveaux

éléments de désordre. Que devait faire le préfet? Fallait-il
enflammer les courages et exciter les populations aux plus
douloureux sacrifices? Ou bien était-il préférable de désarmer
les gardes nationaux, en ne conservant que les fusils nécessaires au maintien de l'ordre, et de recommander aux populations la dignité dans la résignation? Malheureusement les
membres du gouvernement n'étaient pas d'accord entr'eux
sur la conduite qu'il convenait de suivre. Le préfet de police
poussait aux mesures les plus énergiques ; le gouverneur de
Paris se montrait plus modéré, sans sortir de l'indécision. Au
lieu de l'appui et de la direction qu'il cherchait, le préfet ne
trouva dans les autorités parisiennes qu'excès, contradictions,
hésitations qui aggravèrent sa position déjà si difficile.

Un instant on parut s'arrêter à des résolutions désespérées.
Ordre fut donné de brûler toutes les meules et granges du département et d'incendier avec du pétrole les bois autour de
Versailles. Des francs-tireurs commencèrent à se répandre
dans les campagnes. Mais les paysans, qui se voyaient à la fois
livrés à l'ennemi et à la famine, prirent une attitude mena-
çante, et les observations sensées de M. Charton firent revenir
le gouvernement à une plus juste appréciation de la situation.
Par la guerre, en effet, on se propose d'épuiser les forces de
son adversaire. Or, c'est faire le jeu de l'ennemi que de se livrer, sans intérêt pour l'honneur ou pour la défense, à la destruction de la richesse nationale. Quand le département de
Seine-et-Oise aurait été entièrement ravagé, les Prussiens, qui
disposaient d'une nombreuse cavalerie inutile à l'investissement et qui communiquaient librement avec leur pays, auraient trouvé ailleurs les ressources nécessaires. Le seul
résultat eût été de faire des environs de la capitale une ruine
et un désert, et de dépasser les limites que la haine des Prussiens n'a pu atteindre.

Cependant les fusils arrivaient. Le 16 septembre, on en avait
réparti 29,258 dans les communes. Il en manquait 20,742 pour
armer toute la garde nationale. Environ 500,000 cartouches
avaient été distribuées.

Le préfet adressa, le 14, à ses administrés une proclamation,
inspirée par le patriotisme le plus élevé et le plus raisonnable.

Invitant les jeunes gens et les hommes énergiques à prendre leurs fusils pour se rendre soit à Paris, soit en province, suivant l'ordre du gouvernement (ordre qui ne vint pas), il les pria de s'abstenir des actes d'hostilité isolés qui n'auraient d'autre résultat que d'attirer des représailles terribles sur des populations sans défense. Après avoir engagé ceux qui resteraient à la concorde devant l'ennemi, mettant de côté toute préoccupation politique, il terminait par le cri de *Vive la Patrie!*

L'ennemi approchait. Devant lui, fuyaient les soldats échappés de Sedan. C'étaient de longues files de cavaliers de toutes armes, harassés, découragés, furieux contre leurs chefs qu'ils accusaient de trahison. Le général de Longuerue les recueillait à Versailles et formait avec ces débris des noyaux de régiments qui se battirent plus tard dans l'armée de la Loire.

A cette lamentable débâcle succédaient sur les routes des convois, plus tristes encore, de paysans qui, affolés par les horribles récits des journaux, se sauvaient avec leurs bestiaux et leurs voitures chargées de mobilier [1]. Les gares étaient assiégées par des flots d'émigrants. Les chemins de fer ne suffisaient plus à transporter les bagages.

Dans le rayon des forts, le gouvernement faisait rentrer à Paris tous les habitants de la banlieue et détruisait par le feu les bâtiments qui gênaient la défense et les approvisionnements qui seraient tombés entre les mains de l'ennemi [2]. Ce sacrifice, dont la nécessité était reconnue par tous, fut accepté avec courage par ceux qui en étaient les victimes. On oubliait, à Versailles et à Rambouillet, les réserves de fourrages de l'intendance militaire. Dans la première de ces villes, le maire les

[1] Les habitants des villages de Carrières-Saint-Denis, Montesson, Houilles, s'étaient réfugiés avec leur bétail dans les carrières. Ils y vécurent un mois dans des conditions tellement contraires à l'hygiène que des épidémies se déclarèrent parmi eux. A la fin d'octobre, les Prussiens les découvrirent et les forcèrent à rentrer dans leurs maisons. Dans le canton de Luzarches, beaucoup d'hommes vécurent dans les forêts voisines, revenant de temps à autre pour voir ce qui se passait dans les villages.

[2] Les granges d'Aulnay-lès-Bondy ne furent pas brûlées. Les Prussiens purent faire, dans ce village, des réquisitions pour 378,115 fr.

vendit à des habitants qui les enlevèrent. Les Prussiens s'emparèrent du magasin de Rambouillet.

Jusqu'à la dernière heure, les conseils de révision pour l'appel de la classe 1870 fonctionnèrent. Les jeunes gens convoqués se présentèrent avec empressement. Pendant que l'ennemi parlementait à la mairie de Versailles, M. le baron Normand, conseiller de préfecture, faisant fonctions de sous-intendant militaire, délivrait aux derniers ajournés leurs feuilles de route.

On avait fortifié les gares et barricadé les forêts. Mais aucun défenseur ne vint se mettre derrière ces retranchements. Des bataillons de francs-tireurs sortirent au dernier moment de Paris, longeant la Seine au nord et à l'est, sans prendre position dans le département. Le général commandant la subdivision reçut l'ordre de partir.

De formidables détonations ébranlaient l'air. Les ponts de l'Oise, de la Marne et de la Seine, sautaient [1]. A Corbeil, les décombres arrêtaient des bateaux de blé descendant vers Paris et il fallait à la hâte déblayer le lit du fleuve. Des tranchées furent ouvertes sur les routes et la circulation interdite [2]. Les chemins de fer s'arrêtèrent à leur tour et mirent leur matériel en sûreté. On voyait çà et là des fenêtres se pavoiser d'étendards. C'étaient les étrangers, cherchant à l'ombre de leurs pavillons nationaux une protection que le drapeau de la France, jadis l'abri du faible dans le monde entier, ne pouvait plus offrir même aux Français. Dans les bureaux, dans les comptoirs, dans les ateliers, dans les champs, le travail était suspendu. On interrogeait tous les points de l'horizon et on attendait. Un implacable beau temps semblait railler nos angoisses et facilitait la marche de l'ennemi.

[1] Des fourneaux de mine y avaient été placés par suite d'un ordre donné le 3 septembre.

[2] Des ateliers étaient prêts depuis un mois à proximité des points indiqués et n'attendaient qu'un signal pour faire les coupures.

II

Investissement de Paris.

Le 12 septembre, le curé d'Ablon aperçoit deux hommes, étrangers à sa paroisse, examinant les bords de la Seine et marquant d'une croix une maison près de l'eau. Le 15, des cavaliers se montrent à Draveil ; on leur tire des coups de fusil et ils se retirent. Plus bas, d'autres traversent la rivière à gué, reconnaissent les lieux et repassent sur la rive droite. Le 16, dès le matin, des troupes de toutes armes, venant de Lagny et de Brie-Comte-Robert, inondent le canton de Boissy-Saint-Léger et se massent dans la plaine de Vigneux. Il était midi. Un dernier train de chemin de fer passait sur la rive gauche dans la direction d'Orléans. Il est accueilli par un feu de mousqueterie auquel on répond des portières des wagons. Les Prussiens font avancer de l'artillerie et démolissent à coup de canon un ponceau de la voie ferrée entre Ablon et Athis [1], puis ils descendent vers Montgeron. Le lendemain, 17, un équipage de pont est amené près de la machine de Villeneuve-Saint-Georges et des bateaux sont jetés sur la Seine. Des gendarmes et des francs-tireurs, postés en observation, se replient sur Paris, après avoir déchargé leurs armes. A trois heures, le pont est terminé; la division de cavalerie Stolberg passe, suivie du 5e corps prussien. Le soir, des hussards ivres se répandent dans Ablon où il ne restait plus qu'une trentaine d'habitants, enfoncent les portes des maisons et violent les femmes. La directrice des postes et sa

[1] C'est un pont établi au-dessus d'un sentier dit du Gros-Noyer.

mère leur échappent en escaladant les murs des jardins et se sauvent à pied jusqu'à Étampes [1].

Le même jour, une avant-garde de mille hommes, appartenant au 2e corps bavarois, se présente dans le faubourg de Corbeil. Le général en chef Hartmann, mande le maire et lui remet un ordre formulé en ces termes : « Sous peine de voir » bombarber la ville, j'ordonne de faire passer toutes les na- » celles de la ville de Corbeil sur la rive droite. » L'ingénieur de la navigation avait coulé tous les bateaux à l'exception de trois. On obtempère à cette injonction qui ne souffre pas de réplique, et quelques centaines de soldats prennent leur logement sur la rive gauche. Le maire avait fait remonter vers Essonnes un groupe de francs-tireurs qui étaient venus, un moment, prendre position derrière les parapets des quais. Le 17, à neuf heures du matin, l'ennemi jette un pont. Les eaux étaient très-basses. Tout le 2e corps bavarois passe sur la rive gauche, se dirigeant vers Longjumeau.

Le 18, tandis qu'on construit à Ablon un second pont sur lequel s'engage une partie du 1er corps bavarois, le 11e corps prussien traverse Corbeil. Le prince royal, chef de la 3e armée, établit son quartier général au château de Saint-Germain-lez-Corbeil. Il est accompagné des princes de Wurtemberg et de Hohenzollern, et des ducs de Saxe-Cobourg-Gotha et d'Augustembourg.

Le 19, il vient sur la rive gauche de la Seine et prend la route de Versailles. On entendait au loin le bruit du canon. Une dépêche lui fait rebrousser chemin, il retourne sur la rive droite où il redescend la Seine jusqu'à Villeneuve-Saint-Georges que traverse le 6e corps prussien. Le général Ducrot faisait une reconnaissance vers le Petit-Bicêtre. Déjà la veille, s'étaient livrés des combats d'avant-postes sur le territoire de Bièvre, aux lieux dit le Chat-Noir, la plaine de Gisy et le bois du Buisson-de-Verrière, dans lesquels une centaine de Français avaient été pris. Ils furent enfermés dans l'église de Bièvre. A minuit, on s'était battu à l'Abbaye-aux-Bois. Le 19, à cinq heures et demie du matin, le 5e corps prussien attaque

[1] Il y a plus de dix lieues.

les Français aux dernières maisons de Bièvre, et la bataille continue vers Villacoublay et le Petit-Bicêtre. Le 1er corps bavarois soutient, à droite, le 5e corps prussien ; et le général Hartmann, parti de Corbeil le 17, arrive à temps pour envoyer du renfort. Le prince royal assiste à la fin de l'action, des hauteurs de Sceaux. A deux heures et demie, l'ennemi se rend maître du plateau de Châtillon et marche sur Versailles. Le prince va coucher à Palaiseau. Cent autres prisonniers français sont réunis aux premiers. Tandis que M. Rabourdin, maire de Velizy, donne des soins aux blessés prussiens et français dans sa ferme de Villacoublay, convertie en ambulance, officiers et soldats pillent sa cave et répandent sur le sol tout ce qu'ils ne peuvent boire ou emporter.

Versailles était destiné à devenir le quartier-général de l'armée assiégeante. Le conseil municipal composé d'hommes fermes, mais sensés, comprit que trois mille gardes nationaux, mal armés et exercés depuis huit jours à peine, n'étaient pas de force à tenir tête à cinquante mille hommes et à une nombreuse artillerie ; mais il tint à éviter l'affront de la prise de possession d'une ville de quarante mille âmes par une patrouille de uhlans. Les barrières étaient fermées et les postes qui les gardaient avaient ordre de n'ouvrir qu'à des parlementaires. Le 19, à midi, on signait une capitulation honorable, déchirée le lendemain, il est vrai, après l'entrée des troupes, par l'état-major prussien qui fit, après coup, cette réflexion qu'on n'avait pas à traiter avec une ville ouverte. A deux heures de l'après-midi, le 5e corps, sous les ordres du général de Kirchbach, commença à défiler, tout chaud encore de notre sang qu'il venait de verser, enorgueilli de son triomphe, traînant derrière lui des Français prisonniers, au son des fifres et des tambourins alternant avec des musiques qui jouaient la Marseillaise pour insulter le vaincu. Il alla bivouaquer à Rocquencourt et au Pecq. Le 11e corps s'était placé à droite de Versailles ; le 2e corps bavarois, à Bagneux (Seine) et Meudon ; le 6e corps, à Choisy et l'Hay (Seine); le 1er corps bavarois en réserve, vers Palaiseau.

Ce jour-là les habitants de Poissy, réunis sur les quais,

étaient hélés par des Prussiens apparaissant sur la rive droite de la Seine, vers Carrières. Comme on ne répondait pas à leur appel, les soldats mirent leurs fusils en joue. Le maire, craignant qu'ils ne fissent feu, traversa le fleuve en bateau pour parlementer. On lui demanda d'envoyer des nacelles pour passer des troupes dans la ville. Il se refusa à faire lui-même chercher l'ennemi qui n'insista pas. Deux divisions de cavalerie, sous les ordres du duc Guillaume de Mecklembourg et du général de Rheinbaden, entrées, le 16, dans le département près de Royaumont, après avoir longé l'Oise, en séjournant à Beaumont et à l'Isle-Adam, et traversé cette rivière sur un pont de bateaux à Pontoise, venaient d'arriver à Chanteloup et à Triel, et attendaient que les pontonniers leur eussent préparé un passage. Ils y travaillaient depuis le matin, mais sur un avis expédié en secret à Andresy, l'éclusier avait lâché les eaux qui rompirent leur ouvrage et entraînèrent les bateaux. Le pont ne put être terminé que dans la nuit du 19 au 20. Le 20, au lever du soleil, le corps d'armée défila, déployant dans la plaine de Vernouillet quarante-six escadrons de cuirassiers, uhlans, dragons et hussards.

Ils avaient couvert le flanc de la 4e armée, commandée par le prince royal de Saxe, qui descendait du nord par Chantilly, Senlis et Dammartin. Le 4e corps prussien s'était arrêté autour de Margency ; la garde prussienne, autour de Gonesse ; le 13e corps saxon, à Coubron et Gournay-sur-Marne. Le général en chef mit d'abord à Tremblay son quartier-général qui, dans la suite, fut transporté à Margency. Le 19 septembre, le roi de Prusse venait passer en revue une partie de sa garde à Aulnay-lès-Bondy. Aucun obstacle ne fut opposé à la marche de la 4e armée; quelques coups de fusil seulement s'échangèrent entre les éclaireurs français et prussiens dans les rues de Deuil et en avant de Rosny [1].

---

[1] M. Buquet, d'Enghien, vint, à la tête d'un détachement du 35e de ligne, enlever des farines laissées à Enghien. Plus tard, il fit transporter, sous le feu des Prussiens, un chantier de bois, d'Issy à Paris. — MM. Leclercq et Beaucerf, employés du chemin de fer du Nord, bloqués, au moment de l'investissement, sur une machine entre le pont d'Epluches et la station de Creil, firent dérailler la locomotive à Auvers et la mirent hors d'état de servir, en enlevant les parties mobiles les plus essentielles.

La 3ᵉ armée, au sud et à l'est, entre la Marne et la Seine, s'était complétée par l'arrivée de la division wurtembergeoise. Le reste du 1ᵉʳ corps bavarois passait, le 22, à Corbeil.

Le 19, le prince Albert de Prusse, parti de Melun, pénétrait avec la 4ᵉ division de cavalerie dans le canton de Milly.

A la date du 22 septembre, le département de Seine-et-Oise [1] avait sur son territoire environ 216 bataillons d'infanterie, 244 escadrons de cavalerie avec 774 canons [2].

L'investissement de Paris était fait par 216 bataillons et 140 escadrons. Cet effectif varia peu durant le siège. Le 1ᵉʳ corps bavarois et la 22ᵉ division du 11ᵉ corps prussien furent détachés, le 6 octobre, et remplacés par le 2ᵉ corps prussien, envoyé de Metz dans les premiers jours de novembre. Le 2ᵉ corps marcha vers l'est le 3 janvier, mais le 1ᵉʳ corps bavarois revint occuper le canton de Boissy-Saint-Léger.

A l'extrême gauche de la 3ᵉ armée, la landwehr de la garde prussienne, rendue disponible par la prise de Strasbourg, avait pris position à Chatou, donnant la main à la 4ᵉ armée.

Les communications de ces corps entre eux et avec l'Allemagne étaient assurées par les ponts de Gournay et de Lagny, sur la Marne, à l'est. Aux deux ponts de bateaux de Villeneuve-Saint-Georges, on en ajouta deux autres, construits sur pilotis, près de la gendarmerie et de la machine des eaux. L'un de ces derniers servait aux convois allant de Lagny à Versailles; le second, à ceux qui retournaient vers Lagny. Le 5 novembre, un pont de bateaux fut établi à Juvisy, en face du chemin de Draveil. La débâcle des glaces rompit, en décembre, tous les ponts de la Seine. C'est alors que Corbeil dut regretter d'avoir été contraint par la force, à refaire lui-

---

[1] Les troupes qui occupaient quelques points du département de la Seine avaient leurs réserves dans Seine-et-Oise.

[2] L'indication des effectifs prussiens est empruntée à l'ouvrage du colonel Rüstow, *Guerre des frontières du Rhin*, 1870-1871, traduit de l'allemand par Savin de Larclause, colonel du 1ᵉʳ lanciers, Paris, Dumaine, 1871, 2 vol. in-8° av. pl.

même, avec des bois de charpentes les arches renversées du pont de pierre. Pendant cinq jours, ce fut le seul passage conservé au sud de Paris. Le 22 décembre, l'ennemi bâtit à Juvisy, un pont fixe en bois sur pilotis, remarquable par sa légèreté et sa solidité.

Au nord-ouest, le génie français avait laissé subsister les ponts de la voie ferrée de Paris à Rouen. Les Prussiens firent sauter le viaduc de Houilles. A Maisons, ils établirent, avec du bois requis chez les charpentiers et les menuisiers, un tablier sur le pont de fer, et forcèrent les habitants à arracher les rails, depuis la gare de Maisons jusqu'au delà de Sartrouville et à empierrer le chemin. Le pont de bateaux de Triel avait été enlevé aussitôt après le défilé des divisions de cavalerie qui avaient opéré la jonction entre la 4º et la 3º armée.

La marche de l'envahisseur se fait autour de Paris, avec une précision étonnante, résultat d'une étude approfondie et d'une longue préparation. A peine les corps d'armée, concentrés pour le passage de la Seine, ont-ils traversé les ponts, qu'ils se fractionnent et se répandent sur les grandes routes et les chemins vicinaux, précédés, suivis et flanqués de colonnes de cavalerie, accompagnées de canons. On ne remarque nulle part ni hésitation, ni fausse direction, ni encombrement. Tous convergent vers une station indiquée où ils resteront, à peu d'exceptions près, jusqu'à la fin de la guerre. Il est vrai qu'aucun obstacle ne les arrête dans cette promenade militaire. Au nord, ils s'avancent de front sur trois colonnes qui prennent en même temps leurs positions.

Villes et villages sont submergés par le flot qui grossit toujours. Les soldats pénètrent avec effraction dans les maisons fermées, s'installent par groupes, arrachent les habitants de leurs lits [1] et forcent des vieillards à passer la nuit sur une chaise [2], heureux quand ils ne sont pas jetés

[1] A Moisselles.
[2] A Orsay.

à la rue ou obligés, comme à Crosne, de s'enfuir dans les bois devant leur brutalité. A Verrières-le-Buisson, ils mettent leurs chevaux dans les boutiques et les rez-de-chaussée et prennent pour les hommes les étages supérieurs. Ils se précipitent en masse chez les marchands de comestibles; les uns payent, les autres profitent de la bagarre pour voler. A la ferme de Soisy-sous-Etiolles, le 51e régiment d'infanterie prussienne s'empare des récoltes et du bétail, sans même laisser entre les mains du fermier un bon de réquisition. Corbeil est écrasé; quatre-vingt-dix mille hommes y passent en trois jours. Tout est envahi : magasins, maisons, églises; dans le tribunal s'installe une boucherie. A Versailles, les Allemands n'osent entrer dans les casernes qu'ils supposent minées et occupent les promenades. En un clin d'œil, la ville du Grand Roi se transforme en campement de horde germanique. Des bestiaux, parqués sur la place d'Armes, font entendre des mugissements effarés. Quelques-uns s'échappent dans les rues où des soldats les poursuivent. Les feux du bivouac s'allument; on abat des bœufs et des moutons sur les avenues, le sang coule dans les ruisseaux. Enfin la nuit tombe, les hommes s'enveloppent dans leurs capotes et s'endorment à la belle étoile. On n'entend plus que le bruit des patrouilles et les cris rauques des sentinelles.

La population a tant souffert de l'appréhension, qu'il lui semble que ses tortures s'apaisent, comme les douleurs du patient à la vue du chirurgien. Elle est frappée de la discipline de l'armée allemande et elle espère. Hélas! cette discipline, entre les mains de chefs cupides et féroces, va devenir un instrument perfectionné de supplice.

Le lendemain, nous apprenons déjà que Saint-Germain avait été bombardé. Cinq dragons avaient traversé la ville stupéfaite, le 19, à huit heures et demie du soir. Le 20, des officiers se présentent à la mairie, font descendre le maire et lui annoncent, sans autre explication, qu'il est condamné à payer cent mille francs dans une heure, sans quoi la ville sera incendiée. Une heure après, cinq bombes sont lancées du Pecq; une vieille femme en meurt de frayeur. Le 21, des soldats prennent des otages et les emmènent jusqu'à Rocquencourt.

Le maire court après eux et demande une audience au général Schmidt. Avant de le recevoir, celui-ci dépêche un
homme à Saint-Germain, porteur de menaces terribles. Sur
ces entrefaites, entre dans la ville une brigade de cavalerie
qui vient s'y loger. On se rassure et le général de Redern,
qui la commande, obtient le renvoi de l'affaire à son exa-
men [1]. Le maire parvient seulement alors à apprendre que ses
administrés sont accusés d'avoir fait disparaître trois des
dragons qu'on a vus passer, le 19. Il n'a pas de peine à
démontrer leur innocence, et les menaces n'ont pas de suite.
Cette tentative de chantage par bombardement, opérée par
un général de division [2], avec le concours de son corps
d'officiers, était le prélude des violences et des exactions auxquelles le département allait être livré en proie.

[1] Le général de Redern avait tout d'abord demandé une caution de
10,000 fr. Quand on la réclama, il fit la sourde oreille, et plus tard, ren-
dant la ville responsable du passage d'un ballon, il la punit en gardant
l'argent.
[2] 10e du 5e corps.

III

Reconnaissances et réquisitions.

La 2e division de cavalerie (Stolberg) qui avait éclairé la marche de la 3e armée, après avoir campé trois jours à Saclay, fut cantonnée, le 20, autour d'Epinay-sur-Orge, pour surveiller le cours de la Seine au sud.

Les 5e et 6e divisions de cavalerie de la 4e armée qui avaient passé la Seine à Triel, étaient placées : la première, à Saint-Nom, en observation sur le bord du fleuve, au nord-ouest ; la seconde, entre les deux, avec son quartier général au Mesnil-Saint-Denis.

Vers le 21 septembre, on détache plusieurs bataillons d'infanterie du 1er corps bavarois et on les met à la disposition des commandants de ces divisions avec quelques batteries pour faire des reconnaissances et des réquisitions.

§ 1. — EXPÉDITION DE LA 5e DIVISION DE CAVALERIE
PRUSSIENNE VERS MANTES.

Les francs-tireurs envoyés de Paris et des gardes mobiles d'Eure-et-Loir, de l'Ardèche et de Lot-et-Garonne, défendaient la ligne de l'Eure. Autour d'eux se groupaient les gardes nationaux sédentaires et les pompiers.

Tandis qu'à Mézières [1], le 21 septembre, le maire faisait charger les fusils sur des voitures pour les envoyer dans l'Eure, hors de l'atteinte de l'ennemi, un détachement de ca-

---

[1] A une lieue de Mantes.

valiers arrive, l'oblige à les lui livrer et lui fait jurer de les garder à sa disposition pour le lendemain. A l'heure dite, le 22, il se présente pour les emporter. Mais dans l'intervalle, une quarantaine d'hommes sans chef, venant de Mantes, avait fait violence au maire, et se saisissant des fusils, s'était embusquée derrière les murs des jardins du village. Elle fait feu sur les deux premiers uhlans qui paraissent, les blesse et se sauve à toutes jambes. L'ennemi furieux, arrête le maire, le traîne devant le général de Bredow, qui l'accuse de trahison. Comme il essaie de se justifier, deux coups de fusil retentissent au loin. Le général ne veut plus rien entendre, couvre le village d'obus, puis fait mettre le feu aux maisons. Soixante bâtiments sont entièrement brûlés; une famille trouve la mort dans les flammes. Le maire, accablé de coups, foulé sous les pieds des chevaux, ne doit son salut qu'à la fuite. Ensuite, la brigade Bredow marche vers Mantes et la canonne. Personne n'est atteint, mais la population affolée s'enfuit jusque dans les bois de Rosny et fait supplier le commandant d'un bataillon de francs-tireurs, amené en wagons par M. Jullien [1], commissaire de police de surveillance du chemin de fer, qui se disposait à enlever les batteries bombardant la ville, de renoncer à une attaque dont le résultat serait d'attirer sur elle de plus grands malheurs. Le 23, on trouvait, sur le territoire de Mantes-la-Ville, quatre cadavres français, percés de balles et mutilés.

L'incendie de Mézières terrifie la contrée. A sa vue, les habitants d'Aubergenville courent se cacher dans les bois avec leurs bestiaux. Un maire du canton de Limay va jusqu'à faire poser une affiche, menaçant des peines les plus sévères toute rébellion à l'ennemi et interdisant aux francs-tireurs de se poster sur le territoire de sa commune [2].

---

[1] M. Jullien avait armé soixante employés du chemin de fer avec lesquels il fit le coup de fusil.

[2] Tous les magistrats municipaux n'imitèrent pas, on le pense bien, cette conduite. Plusieurs, parmi lesquels il faut citer en première ligne MM. Maret, maire du Breuil, Pilleux, maire de Drocourt, de Magnanville, maire de Magnanville, Delabroise, maire d'Epône, montrèrent une grande dignité devant l'ennemi. M. Lévêque et M. Renault, maire de Mantes, surent remonter le moral de la population par leur exemple.

Après cet exploit, le général de Bredow était revenu à Saint-Nom. Les francs-tireurs parisiens résolurent de pousser une pointe en avant. Deux bataillons, sous les ordres du commandant de Faybel, traversent Mantes, le 24, et campent dans le parc de Magnanville. Ils chassent les patrouilles prussiennes de toutes les communes voisines; le capitaine Guillaume fait, seul, quatre dragons prisonniers dans la cour du moulin d'Epône. Ils vont, le 30, prendre position dans le bois des Alluets. Mais les Prussiens les en délogent par une grêle d'obus dont cent-vingt tombent sur le village [1], et se lancent à leur poursuite, jetant des obus sur Herbeville [2], et brûlant, à La Falaise, la maison d'un paysan, pris les armes à la main. Les gens d'Ecquevilly, entendant un bruit de roues dans le lointain, s'effraient, et, poussant devant eux leurs bestiaux, se sauvent dans la campagne. L'instituteur demeure avec quelques personnes et voit arriver, au lieu de canons ennemis, une ambulance de la presse. Les francs-tireurs se retirent en combattant par Ecquevilly et Mareil-sur-Mauldre où ils coupent un pont. Ils bivouaquent la nuit dans la gare de Mantes et continuent leur route vers Vernon, le 1er octobre. L'ennemi, qui les suit de près, pille Maule et saccage la gare de Mantes qu'il occupe jusqu'au 4. Le 5, il marche sur Evreux, et comme on lui avait tiré des coups de fusil du haut d'une locomotive, il brûle la gare de Bonnières.

§ 2. — Expédition de la 6e division de cavalerie prussienne vers Rambouillet.

Mais les hauts faits de la division Rheinbaden dans l'arrondissement de Mantes sont éclipsés par ceux de la 6e division, commandée par le duc Guillaume de Mecklembourg qui marche à la fois sur Houdan et sur Rambouillet. Des francs-tireurs, des mobiles et des gardes nationaux se disposaient à défendre la route de Chartres [3]. Les Prussiens arrivent à

---

[1] Une grange fut incendiée et quelques maisons dégradées.
[2] L'église fut endommagée,
[3] Les gardes nationaux de Raizeux vont se joindre à eux. M. Guespereau, maire d'Emancé, conduit à Epernon dix-huit hommes auxquels malheureusement on ne peut donner d'armes.

Rambouillet, le 27 septembre, somment M. de Fontanelle, sous-préfet et M. Delamotte, maire, d'acheter dans l'arrondissement et de concentrer au chef-lieu des approvisionnements pour l'armée, et sur leur refus, envoient le sous-préfet en Allemagne et condamnent la ville à une amende de 3,000 francs. A Saint-Hilarion, ils se heurtent à des mobiles, le 1er octobre [1]. Se repliant sur Gazeran, ils placent sur la butte de l'Orme deux canons qui forcent la colonne française à battre en retraite. Le 3, ils attaquent Epernon avec quatre pièces d'artillerie, et s'en emparent à cinq heures du soir [2].

Dans ce pays couvert de bois, des paysans s'organisaient en guérillas pour inquiéter l'ennemi. On tire sur des patrouilles prussiennes au Tremblay, à Craches, à Rochefort, à Condé, à Maurepas, au Perray. Dix habitants d'Auffargis, sous la conduite de M. Lesage, officier de cavalerie [3], tiennent la campagne pendant plusieurs jours. L'ennemi menaçant, s'ils continuent, de bombarder Vieille-Eglise, ils se résignent à regret à déposer leurs fusils. Un paysan de Condé qui se cachait dans les bois est fusillé. Le comte de Rougé parvient, le 2 octobre, à arracher à la mort le maire du Tremblay et trois de ses administrés que des soldats voulaient égorger. Rochefort ne doit qu'à l'intervention du comte de Pourtalès d'échapper à l'incendie.

Pour venir à bout de cette résistance, le général ordonne une battue de la forêt. Le 2 octobre, au matin, la commune de Poigny se voit cernée. On entend au loin les appels du clairon et les commandements des chefs dirigeant la marche des troupes à travers les bois. Tout-à-coup éclate une décharge terrible. Après deux heures d'une attente mortelle pour les habitants, les cavaliers qui gardaient l'entrée des rues reprennent leur marche. On se précipite vers l'étang de la Cerisaie d'où sont partis les coups de feu. Aux sapins qui bordent la route étaient attachés par les pieds, le corps labouré de coups de sabre et les entrailles pendantes, deux bergers de

---

[1] Commandant Lecomte. Il périt dans le combat.
[2] La ferme de Mousseaux (commune d'Emancé), fut brûlée au commencement de la journée.
[3] En non-activité pour cause de santé.

Rambouillet, dans la hutte desquels on avait découvert un vieux fusil.

Au coucher du soleil, les mêmes soldats repassent. La soirée était belle ; ils chantaient un de ces chœurs que les Allemands exécutent avec un si harmonieux ensemble. La journée avait été bonne. En quittant Poigny, ils avaient vengé à Saint-Léger-en-Yveline la mort d'un des leurs. Le maire d'abord avait été pendu par son écharpe ¹ à la porte de la mairie ; puis le meurtrier avait été fusillé. Et comme cela ne suffisait pas, seize hommes furent emmenés dans la plaine. Deux de ces malheureux, effrayés, essaient de fuir ; ils sont poursuivis et massacrés sur place ; l'un d'eux, veuf, tenait ses deux enfants par la main. Les quatorze autres attendaient leur sort à genoux. Enfin le curé parvint à calmer cette rage et les bourreaux se contentèrent de suspendre à des arbres les deux victimes.

L'échec d'Epernon n'avait pas découragé les Français. Le 8 octobre, à cinq heures du matin, ils attaquèrent les Prussiens et les Bavarois, barricadés dans Ablis, et après un combat d'une demi-heure se replièrent, emmenant soixante-dix hussards prisonniers et quatre-vingt-quinze chevaux avec beaucoup d'armes ; ils perdirent deux hommes et tuèrent ou blessèrent six prussiens. Un habitant inoffensif fut atteint par des balles. A neuf heures du matin, une colonne composée de cavalerie, d'infanterie et d'artillerie envahit la commune, brise les portes et les fenêtres et se livre au pillage. Elle rencontre dans les rues quatre paysans et les massacre. Le maire est averti que, s'il ne paie pas sur l'heure 5,000 francs, on mettra le feu aux maisons. Quand l'argent est compté, le chef ordonne d'incendier le village ; l'ambulance dans laquelle on avait recueilli et soigné les blessés prussiens n'est pas même épargnée ; vingt-deux hommes sont enchaînés et emmenés au Mesnil-Saint-Denis. Comme ils passent sur la route, un des paysans, fusillés le matin et laissés sur place, se dresse sur son séant ; on lui casse la tête d'un coup de mousqueton.

Le général Schmidt, devant qui comparaissent les otages

---

¹ Elle se rompit heureusement.

leur annonce qu'ils vont être passés par les armes. Il accorde à grand'peine à M. Barbier, faisant fonctions de maire, un sursis de trois jours et la liberté sur parole pour chercher la preuve de l'innocence des habitants ; et encore ne le laisse-t-il partir qu'à condition de réclamer au gouvernement français les hussards faits prisonniers. Le 12 au soir, M. Barbier revient courageusement, rapportant une dépêche de la délégation de Tours et une lettre du préfet d'Eure-et-Loir. Le général sourit, en lisant la dépêche, qui le menaçait, si on fusillait les otages, d'exercer des représailles sur les Allemands, et remarqua que la Prusse avait plus de cent mille prisonniers à massacrer. Mais la lettre de M. Labiche lui fit une grande impression ; il y répondit longuement en tâchant de se justifier. Le préfet d'Eure-et-Loir lui certifiait que le coup de main d'Ablis avait été exécuté par un corps de francstireurs parisiens, tout-à-fait étranger au département de Seine-et-Oise, et lui représentait, dans un langage ferme mais conciliant, que les hussards ayant été pris suivant les lois de la guerre, il était contre toute justice de retenir des citoyens innocents à leur place. Le lendemain, le général donna l'ordre de remettre les habitants d'Ablis en liberté. Quand M. Barbier et M. Noguette, maire de Prunay, qui l'avait accompagné, allèrent leur porter cette bonne nouvelle, ils les trouvèrent dans l'église, accroupis sur les dalles, ayant devant eux la pitance que leurs geôliers venaient de leur apporter ; un officier assis à l'orgue jouait une valse. Le général voulut reconduire lui-même les otages jusqu'aux avant-postes, et en les quittant, après avoir félicité M. Barbier de son dévouement, il laissa échapper ces paroles : « A mon lit de mort, je me rappellerai cette malheureuse affaire [1]. »

Un journaliste prussien, mari d'une française et pendant dix ans notre hôte, ne vit pas là matière à scrupule. Voici comment il racontait à Versailles cette exécution : « La petite com» mune d'Ablis, près de Rambouillet, a été dernièrement le

---

[1] M. Barbier ne put obtenir la restitution des 5,000 fr. extorqués. Mais on lui accorda, pour la commune d'Ablis et celle de Prunay où les incendiés avaient trouvé un asile, une exemption de réquisitions qui ne fut pas respectée de tous les chefs ennemis.

» théâtre d'une horrible boucherie. Le 4ᵉ escadron **du 16ᵉ régi-**
» ment de hussards prussiens y avait pris des cantonnements.
» Dans la nuit du 7 au 8 octobre, croyons-nous, des francs-tireurs,
» guidés par des habitants du village, ont massacré un à un,
» et pendant leur profond sommeil, une cinquantaine de ces
» hussards. Le reste de l'escadron, tous les hommes plus ou
» moins grièvement blessés, est parvenu à se sauver en pre-
» nant la fuite. *Comme bien on pense*, les autorités mili-
» taires prussiennes ont fait suivre ce fait barbare et coupable
» d'une punition sévère. La moitié de la commune a été in-
» cendiée par une colonne prussienne, envoyée *ad hoc* sur les
» lieux, et l'autre moitié a été imposée d'une contribution
» de guerre extraordinaire de 200,000 francs. » [1] Il n'est pas
un détail de ce récit qui ne soit faux. Dans ce *comme bien on
pense* on sent une satisfaction intime qui déborde. Les
bourreaux de la Prusse paraissent tendres et ses exacteurs
discrets à côté de cet homme de plume.

§ 3. — EXPÉDITION DE LA 4ᵉ DIVISION DE CAVALERIE PRUSSIENNE DE MELUN A THOURY.

J'ai dit que le prince Albert de Prusse, à la tête de la 4ᵉ division de cavalerie, s'avançait de Melun dans la direction de
Thoury pour reconnaître la force et la situation des troupes
françaises réunies en avant d'Orléans. Il est arrêté, le 18 septembre, près de Dannemois par la 8ᵉ compagnie du 1ᵉʳ bataillon des francs-tireurs de Paris, embusquée avec des gardes
nationaux de Courances, Dannemois et Moigny, dans le bois
de la Garenne. Cent hussards, parmi lesquels le prince Horn,
lieutenant-colonel, sont mis hors de combat. Mais après deux
heures de lutte, les Français sont obligés de se retirer devant
l'artillerie, en laissant vingt hommes sur le champ de bataille.
Les Prussiens entrent dans le village (c'était le jour de la fête
patronale) et y mettent le feu ; une quinzaine de maisons brûlèrent. Ils prennent M. Bocquet, maire, et quatorze autres hommes et s'apprêtent à les fusiller. Puis ils se ravisent et les em-

---

[1] *Nouvelliste* de Versailles du 16 octobre.

mènent à leur camp. Le lendemain, grâce à la fermeté du maire, les otages sont rendus à la liberté. Quelques incendies sont allumés à Moigny et des habitants de Courances conduits à Arpajon où ils subirent un long emprisonnement. A peine la division du prince Albert est-elle repartie que, malgré les représailles exercées à Moigny et à Dannemois, des habitants, apostés dans les rochers qui couvrent les vallées accidentées de la Juine et de l'Essonne, tirent sur des éclaireurs et en tuent ou blessent cinq ou six. Plus bas, à La Montignotte, près de Milly, une vingtaine de francs-tireurs et de gardes nationaux attaquent soixante-deux hussards prussiens et les forcent à se retirer, le 26 septembre [1]. Le 28, enhardis par leur succès, ils ne craignent pas de s'en prendre à une colonne de huit cents cavaliers et fantassins, envoyée de Melun pour châtier Milly, et lui font éprouver des pertes sensibles. Mais ils ne peuvent l'empêcher d'entrer dans la ville. Pendant que les soldats se livrent au pillage, le général de Goltz ordonne d'arrêter seize habitants qui sont internés en Allemagne et impose au conseil municipal une amende de 50,000 francs; trois cents hectares de bois sont incendiés.

Là ne se bornait pas la vengeance de l'ennemi. Il enlevait, à Champcueil, Avril, vieillard de soixante-dix-huit ans, beau-père du fermier de Malvoisine, et après l'avoir traîné à deux cents mètres, attaché à la selle d'un cheval, en le hachant de coups de sabre, il l'achevait d'une balle dans le ventre. A Chamarande, il prenait des otages [2]. A Torfou, il se saisissait de l'adjoint, de l'instituteur et de deux habitants. On les aligne devant un peloton d'exécution. Au moment où l'officier va commander le feu, l'adjoint l'interpelle : « Lâche, dit-il, vous » allez faire mourir des innocents; mais vous serez toujours » malheureux, car vous aurez des remords. » Ce cri d'indignation leur sauve la vie. Itteville était condamné à 20,000 fr. d'amende [3]. A La Ferté-Alais, on exigeait 50,000 francs. La

[1] Ils s'emparent d'un courrier et font parvenir ses dépêches à l'armée de la Loire.
[2] A la prière de l'adjoint, on les rendit à la liberté.
[3] On donna 7,750 fr., et pour le reste, on signa un bon à vue qui ne fut pas présenté.

ville se refusa pendant vingt-quatre heures à obéir et ne céda que devant les canons braqués sur elle. Elle paya seulement 10,400 francs.

Le 5, les habitants des villages de la Beauce s'assemblaient sur les routes et dans les champs, au bruit d'une forte canonnade grondant vers le midi. A Pussay, des cavaliers chargent, la lance au poing, la population inoffensive, pour la faire rentrer dans les maisons. Le prince Albert venait de rencontrer les Français à Thoury, et après un court combat, il battait en retraite. Les Prussiens ne voulaient pas de témoins de cet échec. Le soir, ils couchaient à Angerville et remontaient, le lendemain, vers Étampes, jusqu'alors exempt de logements militaires, grâce à une ruse du maire [1] qui, interrogé par les uhlans, leur avait annoncé l'arrivée imminente de plusieurs régiments français.

§ 4.—FORMATION D'UNE ARMÉE SOUS LES ORDRES DU GÉNÉRAL VON DER THANN QUI MARCHE SUR ORLÉANS.

Derrière les Prussiens, deux compagnies de francs-tireurs [2] s'avancent jusqu'à Courpain,[3] et, retranchées dans une ferme, ouvrent le feu contre eux, le 8 octobre. Des lanciers français, venant de Sermaise [4], se montrent aux environs. Une batterie, placée sur les hauteurs qui dominent Fontaine à une demi-lieue de Marolles, canonne vainement le village; les francs-tireurs tiennent bon. Mais sur le soir, ils apprennent qu'ils ont devant eux, non pas l'arrière-garde de la 4ᵉ division de cavalerie, mais un corps d'armée entier, et ils se replient sur Méréville pendant la nuit. Ils avaient arrêté une journée les Allemands qui durent camper autour de Marolles et La Forêt-Sainte-Croix et ne purent gagner que le lendemain

[1] M. Brunard montre le plus grand courage. Insulté par un officier prussien, il le prend à la gorge. Quatorze soldats le couchent en joue, il se fait contr'eux un rempart du corps de leur chef. Cette énergie en impose à l'ennemi qui n'osa plus manquer de respect au maire d'Etampes.

[2] Capitaines Tholin et Rambuteau.

[3] Hameau de Fontaine-la-Rivière.

[4] Département du Loiret.

leur gîte d'étapes. L'arrière-garde des francs-tireurs leur tue huit hommes à Méréville.

Embusqués dans les fossés de la route nationale nº 20, au nord d'Angerville, quarante-six partisans du Gers [1] les accueillent par une fusillade bien dirigée. Mais, cernés par des masses d'infanterie, après une résistance désespérée, ils sont presque tous tués ou pris. La ville aurait expié la belle conduite de cette poignée de braves, si le maire n'avait su l'allemand. Il parvint à faire comprendre à l'ennemi qu'il ne pouvait la rendre responsable d'un fait purement militaire. Méréville fut moins heureux, le maire et plusieurs habitants furent arrêtés, et la commune, condamnée à 50,000 francs d'amende, eut la douleur d'assister à l'assassinat de deux des francs-tireurs faits prisonniers. Car on ne peut appeler d'un autre nom le meurtre, accompli froidement, d'hommes appartenant à une troupe militairement organisée, obéissant à des chefs, portant un uniforme et servant d'éclaireurs à une armée régulière. Sorti de prison, le maire fit enterrer avec de grands honneurs les corps glorieux de ces martyrs de la patrie.

L'armée, qui signalait son passage par ces actes contraires à toutes les lois de la guerre, avait été, le lendemain même de la bataille de Thoury, formée au sud de Versailles du 1er corps bavarois, de la 22e division d'infanterie du 11e corps et de la division Stolberg, mise sous les ordres du général Von der Thann et envoyée au secours de la 4e division de cavalerie. Partie le 7, elle avait marché avec une précaution extraordinaire; on l'avait vue à Ollainville, pendant le combat de Courpain, créneler les murs de la mairie et des maisons à l'ouest, ouvrir des tranchées, les tendre de fils de fer et barricader les rues. Elle était descendue par Boissy-le-Sec vers Étampes. Le prince Albert de Prusse s'était placé à son aile droite et elle marchait vers Orléans, ayant à sa gauche le général Stolberg. Le 9, elle entrait dans le département du Loiret.

---

[1] Capitaine d'Asies Du Faur.

§ 5. — PARMAIN.

Les cantons situés à l'est de l'Oise avaient été envahis subitement par une si grande masse de troupes que personne n'avait d'abord songé à la résistance. Le 21 [1], un détachement d'infanterie se présente à l'Isle-Adam et s'y conduit avec tant d'insolence et de brutalité que la population exaspérée est tentée, pendant que les soldats s'enivrent et pillent les maisons désertes, de s'emparer de leurs fusils pour en faire justice. Six d'entr'eux viennent à Parmain [2], outragent les habitants et brisent les boutiques fermées pour les dévaliser.

Un homme de cœur, M. Capron, pharmacien, s'indigne à cette vue; il appelle aux armes les citoyens valides de la commune et des environs, et traversant l'Oise avec eux, va attaquer les Prussiens sur la rive gauche. Le 24, près du château de Stors [3], il s'empare de quatorze fourgons [4] qui sont expédiés sur Beauvais. Le bruit de ce fait d'armes se répand dans les environs ; de Pontoise, Valmondois, Méry, Jouy-le-Comte, Labbeville, Vallangoujard, Champagne, Presles, Ronquerolles et même d'Amblainville et de Méru (Oise), accourent des volontaires, gardes nationaux et pompiers, auxquels se joignent quelques francs-tireurs de la légion Mocquart, échappés de Sedan. On barricade Parmain et on s'apprête à défendre énergiquement le passage de l'Oise. L'ennemi ne se montrant pas, les francs-tireurs vont de nouveau se poster dans la forêt jusqu'à Maffliers et Villiers-Adam où, pendant plusieurs jours, ils inquiètent ses convois et ses patrouilles.

Le 27, à dix heures du matin, quelques centaines de Prussiens, avec quatre pièces d'artillerie se présentent à l'entrée de

[1] Le 16, quatre uhlans, éclaireurs des 5e et 6e divisions de cavalerie avaient été dirigés par une Allemande, demeurée à l'Isle-Adam, vers le télégraphe qu'ils brisèrent.
[2] Commune de Jouy-le-Comte.
[3] Commune de l'Isle-Adam.
[4] Les Prussiens condamnèrent pour cette capture la ville de Pontoise à 12,000 fr. d'amende.

l'Isle-Adam, et mettant devant eux M. Grimot, curé, et son vi
caire, marchent vers le pont; une fusillade, dirigée contre eux
des barricades de Parmain, renverse plusieurs soldats sans
atteindre les deux ecclésiastiques. A 6 heures du soir, voyant
qu'ils ne font aucun mal aux défenseurs de Parmain, ils s'en
prennent à la population de l'Isle-Adam, menacent de mort
M. Le Chenetier, vicaire, qui a conduit leurs blessés à l'hospice sous les balles françaises, tirent à bout portant sur
M. Vannier [1], médecin, qui les a soignés; assassinent un vieux
domestique inoffensif dans la maison de M. Viger, et après
avoir mis le feu à trois maisons, se retirent, emmenant avec
eux dix hommes qui n'ont commis d'autre crime que d'assister à leur déroute. Quand ces malheureux sortirent de leurs
mains, leurs corps étaient zébrés des marques des coups qu'ils
avaient reçus.

Le 29, à midi quinze cents Prussiens sont une seconde fois
dirigés sur Parmain. Pendant qu'une partie de la colonne
occupe les francs-tireurs à l'Isle-Adam où elle perd cent trente
hommes, l'autre transporte un équipage de pont à Mours,
passe l'Oise et tourne le village. Les francs-tireurs, informés
à temps, étaient partis, emportant un de leurs blessés et laissant un mort sur le champ de bataille. Ils ne firent pas d'autres
pertes, dans cette lutte de deux jours contre un ennemi dix
fois plus nombreux.

Le 30, les Prussiens bombardaient Nesles, brûlaient Parmain [2] et auraient fait subir le même sort à l'Isle-Adam si
deux citoyens dévoués [3] n'avaient été à Saint-Brice inter-
céder, pour cette ville déjà si éprouvée, le général en chef du
4e corps. Deux hommes de l'Isle-Adam, trouvés à Parmain,
étaient mis à mort; une quarantaine d'autres enchaînés et
emmenés nu-tête et nu-pieds à Auvers [4]. M. Desmortier,
ancien juge d'instruction, âgé de soixante-et-onze ans, pris
les armes à la main, est conduit à Persan. Tant de bravoure

[1] Il était dans le jardin du presbytère, fermé d'une grille. Un des barreaux fit dévier la balle qui s'aplatit sur le perron.
[2] Quarante-cinq maisons ont été détruites.
[3] M. Abbadie, médecin, et M. Viger.
[4] Ils furent mis en liberté le lendemain.

dans un si grand âge méritait d'inspirer le respect même à un ennemi. Mais l'âme des Allemands n'est point accessible à un sentiment chevaleresque. Après un semblant de jugement, ce vieillard digne d'admiration est fusillé à Persan avec un jeune homme, Maître, ouvrier carrier, qui s'était vaillamment battu. Un pillage devait couronner l'expédition. En revenant, les soldats se jettent sur la ferme du Val et volent un troupeau de moutons qu'ils cherchent à parquer dans une cour à Presles. Mais ces animaux, pris de frayeur, se pressent vers la porte, bousculent leurs gardiens et, se répandant dans la plaine, échappent à toutes leurs poursuites.

Quelques jours après, les Prussiens occupaient fortement la rive droite de l'Oise, sillonnant de patrouilles les cantons de Marines et de Magny et plaçant leurs avant-postes le long de la rivière d'Epte, sur laquelle ils coupèrent les ponts de Bray-et-Lû, de Montreuil et d'Aveny.

§ 6. — Réquisitions.

Huit jours après leur entrée dans le département, il n'était pas un village qui n'eût reçu la visite des Prussiens. On voyait d'abord paraître trois ou quatre cavaliers, sondant de l'œil tous les recoins du pays ; au premier bruit suspect, ils détalent au galop comme des daims effarouchés. Semble-t-on avoir peur ? ils deviennent plus hardis, commencent par briser le télégraphe et intiment avec arrogance aux habitants l'ordre de combler les tranchées pratiquées dans les routes ; si une foule irritée les entoure, ils montrent beaucoup de modération, et tâchent de se tirer de ce mauvais pas sans faire usage de leurs armes ; mais ils reviennent un instant après, menaçants, soutenus par des forces imposantes. Ils savent que leurs chefs veillent sur eux avec sollicitude, leur porteront secours à temps et feront payer cher le moindre attentat envers leurs personnes. A Dourdan, on s'ameute contre des hussards ; un homme porte la main à la bride du cheval d'un officier. Le lendemain, un parlementaire signifie à la municipalité que, si pareille offense se renouvelle, la ville sera livrée aux flammes, et les habitants pendus jusqu'au plus petit

— 30 —

enfant, comme dans les guerres bibliques. A Poissy, le général Schmidt, dont nous avons vu les débuts à Saint-Germain,
fait savoir que, si la ville ne lui rend pas deux dragons, pris
par la garde nationale, elle sera bombardée et frappée d'une
contribution de 200,000 francs [1]. Et quand on ne sait ce que les
soldats réclamés sont devenus, il faut entreprendre, afin
d'échapper à des représailles terribles, les plus périlleux voyages pour retrouver leurs traces. Deux conseillers municipaux
de Rambouillet suivent à la piste, pendant plusieurs jours,
de commune en commune, un cuirassier blessé au Perray
par des francs-tireurs. Enfin ils apprennent à Saint-Léger [2],
où les habitants ont eu la générosité de faire une collecte pour
le prisonnier, qu'il est à Dreux d'où ils le rapportent à Rambouillet.

Derrière ces éclaireurs, se montre une colonne de cavalerie et d'infanterie. Après avoir posé des sentinelles à toutes
les issues, l'officier se présente à la mairie et se fait d'abord
livrer les armes. Elles sont brûlées sur la place ; puis, ces précautions prises, il expose au maire l'objet de sa visite. On
pense bien qu'il s'agit d'une réquisition. Dans les campagnes,
l'ennemi se contente de provisions de bouche ; dans les villes,
il demande des couvertures, des matelas, des balais, des
gants, des semelles, des fournitures de bureau, des objets
de toilette, de l'amidon, du cirage, des bandages herniaires,
des peaux de sanglier et de chevreuil, tout ce que sa fantaisie
imagine. Le major de Colomb, commandant de place à Corbeil,
entendant qualifier de riche en cuirs un paysan dont le langage est orné de liaisons superflues, saute sur une plume et
s'empresse de libeller un ordre de livrer 60 peaux pour basa-
ner les culottes de ses dragons [3]. Certains officiers affectent
une politesse exagérée, suivie aussitôt d'une froide menace ;
d'autres, en arrivant, mettent le révolver au poing, et parlent
de tout tuer et brûler, si on n'obéit sur le champ. A la plus

[1] Le maire, heureusement, avait sauvé la vie à ces deux hommes qui
allaient être écharpés.
[2] Ceci se passait le 25 septembre, Saint-Léger fut, quelques jours après,
récompensé par le massacre que j'ai raconté plus haut.
[3] A. De La Rue. *Sous Paris pendant l'invasion.*

petite objection, coups de cravache et coups de sabre pleuvent comme grêle. M. Gibbon, maire de Bruyères-les-Scellés, reçoit en plein visage une estafilade qui lui fend la lèvre. Quelques-uns laissent des billets dans le goût de celui-ci : « La commune de Ormoy-la-Rivière doit fournir au plus tard » jusqu'à demain matin à 7 heures, les trois tonneaux du vin » recommandé aujourd'hui par le soussigné. Sinon un com- » mando arrangera votre village d'une manière comme il le » mérite. » Signé : « Paulin, lieutenant. »

On n'a rien de mieux à faire que d'obéir sans réplique et de les gorger de vin et d'avoine. Si on tarde, les soldats s'offrent à aider les habitants et déménagent les caves et les greniers. A la Ville-du-Bois, le général Von der Thann oblige M. Montgobert à quitter, pour obéir à une injonction, la maison de son fils qui brûle. Chargée de son butin, à peine une bande s'en va-t-elle par un bout, qu'une nouvelle paraît à l'autre et fait une seconde réquisition. A Puiselet-le-Marais, on en appelle au général qui répond par une troisième. Une plainte de l'adjoint de Chaumontel contre des soldats, qui lui ont pris une pièce de cidre, a pour résultat l'emprisonnement du plaignant. A Fontenay-les-Briis, pendant qu'une moitié de la troupe fait au chef-lieu de la commune une réquisition en forme, l'autre s'empare, dans les hameaux, de tout ce qui est à sa convenance. A Mareil-en-France, le pillage s'exécute avec la régularité d'une manœuvre. Quatre-vingts hommes d'un régiment de la garde [1], réunissent d'abord toute la population mâle du village, la conduisent à distance et la font garder à vue par un détachement. Libre de ses mouvements, le chef oblige le curé à lui ouvrir la porte de l'église et parcourt les nefs à cheval ; des hommes se répandent dans les maisons pour voler. La femme Landry, préposée à la garde d'une ferme, ne satisfait pas assez vite à leurs exigences ; un soldat lui applique le canon de son fusil sous le sein droit, et la tue [2].

[1] 4ᵉ d'infanterie, Anhalt.
[2] Un assassinat semblable fut commis sur une femme de Buc.

Pour les héros de l'Allemagne moderne, comme pour leurs aïeux les reîtres du XVI⁵ siècle, la guerre est une franche lippée. Il est si doux de vivre en liesse et en festins parmi les larmes et la misère des vaincus ! Blücher, entrant à Saint-Germain, le 8 août 1815, requérait d'abord de la municipalité un dîner de 800 couverts. Le majordome, préparant à Versailles les logis de la cour du roi de Prusse, veut contraindre le maire à violer le domicile d'un absent qui a dans sa cave des vins dignes de la table de son maître. Partout le premier cri des officiers est : « Champagne ! Champagne ! » Un escadron de ces « magnifiques » cuirassiers blancs qu'un Parisien ne peut voir sans réminiscence des guerriers de certaines parodies, trop célèbres, vient s'approvisionner à Orsay, le 20 septembre, et passe la journée à table, les officiers au presbytère, les soldats dans les cafés. A six heures du soir, ils chargent non sans peine, tant ils sont ivres, sur les fourgons qu'ils ont amenés, de l'avoine, des pièces de vin, des balles de café, des pains de sucre, fournis par la mairie. L'un deux essaie de se mettre en selle ; il faut le coucher sur des sacs dans un charriot. Les autres parviennent à se hisser sur leurs chevaux. Enfin le cortége bachique s'ébranle, chassant devant lui une douzaine de vaches. Les hommes se balancent sur leurs montures. Un moment après, on ramène l'intendant qui a vidé les arçons au remblai du fossé de Valeuse et s'est cassé les deux jambes.

D'autres, après boire, se donnent la comédie. Ils retiennent le curé, le maire et un conseiller municipal d'Étrechy pour les soumettre à des exercices grotesques. Les coups ont bientôt raison de la mauvaise grâce de ces acteurs par force. Cette bouffonnerie germanique se termine par le simulacre du jugement et de l'exécution des patients. Au château de Bréau, le maire de Boinville [1], qui vient d'obéir à une réquisition leur sert de jouet pendant une nuit. Le matin, on le rapporte chez lui tout sanglant et hors d'état de marcher durant un mois. Leur bonne humeur est aussi cruelle que leur colère.

[1] Canton de Dourdan (sud).

Dès les premiers jours d'octobre, ils sont entièrement nos maîtres, la résistance a été partout comprimée avec une sauvage rigueur, et la terreur prussienne règne dans le département. On annonce l'arrivée à Versailles de Guillaume le Victorieux.

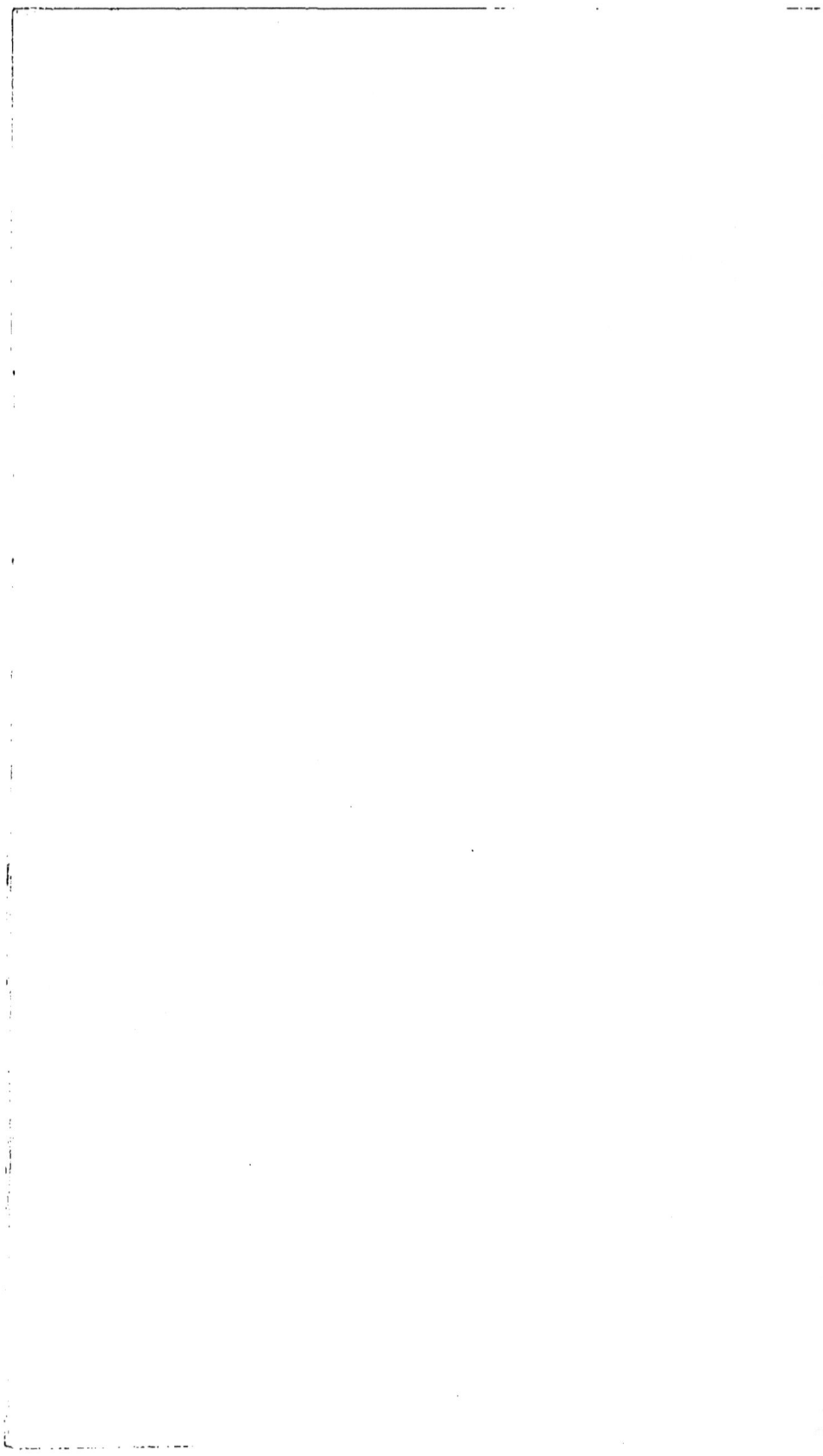

IV

M. de Brauchitsch, préfet prussien de Seine-et-Oise.

§ 1. — LA PRÉFECTURE.

Il était temps de faire succéder aux foudres qui avaient
devancé son char de triomphe, la sérénité bienfaisante, attri-
but de la majesté royale. Quelques jours avant l'entrée du
monarque, un messager de miséricorde, écartant des deux
mains ce nuage de fumée et de sang, nous montrait à l'horizon une aurore pacifique. Le 30 septembre, le conseil municipal de Versailles, étonné, voyait paraître devant lui un personnage fluet et chauve, avec une grande barbe tirant sur le
roux, qui, s'inclinant tout d'une pièce, salua, non sans une
certaine grâce tudesque, et le sourire sur les lèvres, présenta
d'un ton doucereux, en assez bon français vraiment, le plus
séduisant tableau des intentions de son auguste souverain. Il
ne venait pas faire la guerre aux citoyens français, et il avait
hâte de mettre fin à l'effusion du sang. Mais il ne savait avec
qui traiter. Quel était en effet le gouvernement de la France ?
l'empire, ou la république ? et quelle république ? et où fallait-il chercher le siége de ce gouvernement ? En attendant, il
désirait procurer aux départements occupés les bienfaits de la
paix, assurer l'ordre, rétablir les communications interrom-
pues, faire refleurir le commerce, rouvrir les écoles et préparer des approvisionnements suffisants pour Paris que la
famine allait bientôt obliger à capituler. L'assemblée lui
répondit par un silence glacial.

M. de Brauchitsch [1], c'était le nom de ce médiateur, avait,
des mœurs et des institutions françaises la connaissance la
plus exacte. Il savait que nos préfectures, semblables en cela
aux anciennes intendances que l'on croit supprimées depuis
1789 et dont on n'a guère fait que modifier le nom, sont for-
mées de deux éléments très-distincts : le préfet et le secrétaire
général qui impriment la direction d'une part, et d'autre part
les employés de tous grades qui exécutent le travail, mais
n'ont aucune responsabilité devant le public. Les plus violentes commotions politiques n'ébranlent pas les rouages de
la machine qui reste toujours montée. Les moteurs chan-
gent, voilà tout. Pourvu que le clavier demeurât à sa disposition, M. de Brauchitsch ne doutait pas de jouer sur l'instrument un air germanique, à la satisfaction de l'administré qui
ne trouverait rien de changé dans ses habitudes. Pour atteindre plus complètement ce but, il ne prit pas, comme le représentant du roi de Prusse, en 1815, le titre d'intendant civil,
mais celui de *préfet*, et il se servit du papier de M. Cornuau
portant en tête : *cabinet du conseiller d'état, préfet de Seine-
et-Oise.* Je crois en vérité que, s'il l'avait trouvé, il aurait
revêtu son habit, afin de rendre l'illusion plus complète ;

‹ C'est moi qui suis Guyot, berger de ce troupeau. ›

Il amenait avec lui un auxiliaire, M. Forster, assesseur de
régence à Coblentz, qui se donna la dénomination, un peu
bizarre, de *sous-préfet et conseiller de préfecture* [2]. M. le baron
de Feilitzsch, bavarois, fut nommé sous-préfet des arrondissements réunis de Corbeil et Etampes.

Il fallait d'abord s'assurer de la personne du préfet français,
qui aurait pu contrarier l'action des nouveaux administrateurs.
M. de Brauchitsch envoya des gendarmes pour l'enlever
au saut du lit et l'expédier en Allemagne. Heureusement

---

[1] Gendre du ministre de la guerre, M. de Roon, il demeure à Genthein
près Berlin. Il est *landrath* (conseiller provincial), et député au *reischstag*.
Il portait l'uniforme de capitaine de pionniers.
[2] Il avait le costume de sous-lieutenant d'infanterie de landwehr.

M. Ed. Charton, prévenu du projet de son rival, avait pu quitter
Versailles à temps [1]. Après avoir interdit avec menace aux
conseillers de préfecture de remplir aucune délégation, il
requit les chefs de division et les invita, dans l'intérêt du
département, à seconder ses intentions humanitaires. MM. Cochard, Manuel et Dutilleux demandèrent quelques heures
pour réfléchir. Demeurés sans instructions de l'autorité française, ils étaient très-vivement sollicités par un grand nombre
de personnes considérables de conserver leurs fonctions pour
se faire, autant que possible, les avocats de leurs concitoyens
auprès de l'ennemi. Mais, dès que quelqu'un les eut éclairés
sur des plans dont la presse allemande n'avait pas fait mys-
tère, ils n'hésitèrent pas, et s'arrêtant à des résolutions viriles,
brisèrent eux-mêmes le mécanisme dont M. de Brauchitsch
comptait si bien se servir. Un refus courtois, mais catégorique,
fut adressé au préfet prussien. Ce n'était pas là son compte ; il
entra dans une grande irritation et donna ordre de les saisir. Ses
gendarmes ne trouvèrent pas MM. Manuel et Dutilleux, qui
étaient partis pour rejoindre leurs familles hors du département. M. Cochard était demeuré à Versailles. Amené devant
M. de Brauchitsch, il repoussa avec indignation la proposition de pactiser avec l'ennemi de la France, et d'obéir à
l'injonction de payer une amende. Il fut jeté en prison et n'en
sortit qu'après que sa famille eût versé la somme exigée [2].
Les chefs de bureaux, appelés à leur tour, imitèrent l'exemple de leurs supérieurs et ne voulurent indiquer le nom
d'aucun des employés placés sous leurs ordres. Ces derniers
avaient, dès le premier moment, exprimé hautement la
volonté unanime de ne prêter aucun concours à l'autorité
prussienne. Pour avoir les huissiers, le préfet dut les faire
empoigner par les gendarmes. Les devoirs de l'archiviste du
département étaient différents : il essaya de conserver la
garde de son dépôt, mais sans consentir à faire aucune recher-
che pour les Prussiens, qui le mirent à la porte. Il est juste de

[1] M. E. Charton avait, pour se présenter à la députation, donné, depuis
le 14, sa démission qui n'avait pas été acceptée.

[2] M. de Brauchitsch aurait fait vendre le mobilier de MM. Manuel et
Dutilleux si des amis intervenant ne l'eussent désintéressé.

reconnaître que les archives sont restées intactes ; aucun désordre n'y a été introduit, et à l'exception de trois cartes et de quelques numéros du *Journal officiel*, aucune pièce n'en a été distraite.

Le baron de Feilitzsch fut plus heureux à Corbeil. Le personnel de la sous-préfecture avait été congédié par le sous-préfet français, qui avait dû se retirer devant l'ennemi, et le secrétaire était allé dans sa famille attendre la fin de l'occupation. Il était à Courances, lors du combat de Dannemois, et les Prussiens le firent prisonnier avec son beau-frère. Détenu pendant plusieurs semaines à Arpajon, il ne recouvra la liberté qu'à la condition de reprendre ses fonctions. Les autres employés revinrent au bureau, et le maire de Corbeil obtint, sur les contributions exigées de la ville, une déduction égale au chiffre de leurs appointements.

§ 2. — LES FONCTIONNAIRES.

L'exemple donné à Versailles par le personnel de la préfecture produisit le plus salutaire effet. M. de Brauchitsch eut beau couvrir les murs de proclamations, annonçant le maintien » de toutes les lois françaises, *en tant que l'état de guerre n'en* » *réclamait pas la suppression* » (formule singulièrement élastique), et invitant les autorités à demeurer en place, les fonctionnaires ne se laissèrent pas prendre au piège. Les directeurs de l'enregistrement et des domaines, des contributions directes et indirectes refusèrent à l'intrus leur concours et celui de leur personnel. — M. Rosshirt, administrateur des postes prussiennes, envoya aux receveurs français une formule d'engagement qu'aucun ne voulut signer. Madame de Susini, directrice à Milly, lui répondit fièrement que, mère de trois fils, volontaires dans l'armée française, elle penserait se déshonorer à leurs yeux, en acceptant une pareille offre. — Les ingénieurs et l'agent-voyer en chef avaient emmené une partie de leur personnel à Paris. Le service vicinal était, par intérim, placé sous la direction de l'agent-voyer d'arrondissement de Versailles, qui, à l'instigation de plusieurs maires, pour obtenir que les Allemands contribuassent à la réparation

des chemins qu'ils dégradaient, entra en relation avec eux [1].
Il empiéta même, dans ce but, sur les attributions des conducteurs des ponts-et-chaussées qui avaient repoussé la proposition de participer à des réparations, profitant surtout à
l'ennemi. Mais M. Kassmann, agent-voyer de Corbeil, [2] refusa
de suivre son exemple et résista à toutes les menaces du
sous-préfet. Les agents-voyers d'Étampes, Mantes, Pontoise
et Rambouillet ne se mirent pas davantage en rapport avec
l'autorité allemande, et se bornèrent, pour occuper les ouvriers, à continuer les travaux des chemins situés en dehors
du parcours ordinaire des troupes et des convois. — Le tré-
sorier-payeur-général avait mis en sûreté ses livres et sa
caisse et les percepteurs avaient fait disparaître les rôles des
contributions.

M. Anquetil, inspecteur d'académie, invité à rendre compte
au préfet prussien de l'état de l'instruction primaire dans le
département, fit longtemps la sourde oreille. Sommé enfin par
une réquisition, il se tira d'affaire avec autant de courage que
d'esprit. Son secrétaire remit, dans les premiers jours de janvier, au concierge de la préfecture un pli portant cette suscrip-
tion : *à déposer aux archives départementales*, et contenant le
rapport de fin d'année au recteur. Dans ce document, M. Anquetil signalait à l'autorité académique tous les excès commis
par l'ennemi dans les écoles, où les Prussiens avaient installé
abattoir et boucherie, comme à Saint-Illiers-le-Bois, etc ; où ils
avaient brûlé cahiers, livres et tables, comme à Herblay, Montgeron, etc., où ils avaient, les armes à la main, chassé maître et élèves, comme à Montreuil (faubourg de Versailles), etc.,
etc. [3] M. de Brauchitsch n'insista plus pour obtenir les communications de l'inspecteur d'académie.

La conduite des magistrats de l'ordre judiciaire n'a pas été
uniforme. Tous cependant se sont montrés d'accord sur les
précautions à prendre pour la conservation de l'état-civil qui

[1] Toutefois, il ne voulut recevoir aucun traitement de l'administration
prussienne.
[2] Aujourd'hui à Versailles.
[3] Voir plus loin chapitre VIII, le chiffre des dommages causés dans les
écoles par l'armée allemande.

fut caché dans des caves soigneusement murées. A Mantes et à Pontoise, le tribunal continua à siéger au lieu ordinaire de ses séances. Dans la première de ces villes, M. Maxime Barbier, procureur, se distingua par son énergie. A Pontoise, le tribunal fit célébrer, le 3 novembre, la messe de rentrée, et pour s'y rendre, traversa la ville en costume devant l'ennemi. Il osa, au milieu de l'occupation, condamner correctionnellement des habitants pour complicité de vol avec les Allemands. Le palais de justice d'Etampes étant envahi, les juges se transportèrent à l'hôtel-de-ville. Ils sévirent contre des filles de mauvaise vie qui avaient été au camp prussien. Nulle part, on n'eut recours à la police allemande, pour la constatation des délits, et on ne tint aucun compte des captures faites par elle. M. Rouillon, président de Pontoise, ne craignit pas d'arrêter lui-même des délinquants, et à son exemple, plusieurs hommes honorables de l'arrondissement se firent constables volontaires. — A Corbeil, Rambouillet et Versailles, les juges avaient pensé que, en présence de l'invasion, il était de la dignité de la magistrature de suspendre le cours de la justice. L'instruction criminelle seule ne fut pas interrompue, mais, pour ne pas soumettre les prévenus à une détention indéfinie, on se contentait de faire une enquête sur les délits, sans procéder à des arrestations. Le sous-préfet bavarois de Corbeil avait requis les juges de reprendre leurs audiences. Cette injonction ne put avoir d'effet, à cause de l'occupation de tous les édifices publics par l'ennemi. A Versailles, le maire, craignant que l'impunité n'encourageât les malfaiteurs, ou que l'ennemi ne substituât son action à celle de la justice française, insistait auprès du tribunal pour qu'il rentrât en fonctions. Le préfet prussien l'y invitait lui-même ; mais dans des pourparlers que les magistrats eurent avec lui à cette occasion, il voulut leur imposer d'inscrire le nom de Napoléon III en tête de leurs sentences ; cette condition ne pouvait être acceptée et le palais de justice resta fermé. Les juges de paix étaient remontés sur leurs siéges. A partir de décembre, le parquet recommença à ordonner des arrestations.

L'un des fonctionnaires qui montrèrent le plus de résolution et de dignité fut le directeur des prisons. L'ennemi s'étant emparé par la force de la maison de justice, M. Coussol emmena les prévenus et les gardiens à la maison de correction, dans laquelle, malgré de nombreuses sommations et plusieurs tentatives à main armée, il parvint à ne laisser entrer aucun prisonnier fait par la gendarmerie prussienne. Parmi les détenus se trouvait un escroc, nommé Elias, frère d'un banquier de Berlin, qui fut l'objet des attentions les plus sympathiques des autorités allemandes. Le malheur de ce compatriote excitait leur sensibilité; elles lui firent de fréquentes visites, déposèrent au greffe d'assez fortes sommes d'argent pour adoucir son sort, et insinuèrent que Sa Majesté serait disposée à accorder, sur la proposition du directeur, la grâce des prisonniers méritants. Enfin, cessant de dissimuler, elles envoyèrent chercher Elias par des gendarmes et rendirent à la liberté [1] cet homme intéressant qui, en dépouillant les Français d'une partie de leur superflu, n'avait fait que prendre une avance de quelques mois sur la mission vengeresse que les soldats de la grande Allemagne allaient accomplir contre nos biens meubles et immeubles [2].

§ 3. — ORGANISATION DU DÉPARTEMENT A LA PRUSSIENNE.

Devant cette mauvaise volonté des fonctionnaires, M. de Brauchitsch dut renoncer à son premier plan de campagne. Sans se déconcerter, il se recueillit pendant plusieurs jours, et le 8 octobre, démasqua de nouvelles batteries. Des cavaliers portèrent dans toutes les directions, des instructions qui réorganisaient l'administration sur la base du canton. Investi de tous les pouvoirs, le maire du chef-lieu était chargé des communications avec l'autorité centrale, de la réparation des chemins, du service de la poste, de la perception des contributions. La circulaire qui notifiait ce nouvel état de choses commençait par l'expression d'une espérance et d'une prière:

[1] Sorti de prison, Elias fut placé comme employé à la *commandantur*.

[2] Le préfet prussien couvrait en même temps de sa protection une prostituée de la rue Saint-Médéric qui pratiquait l'espionnage. — A Saint-Germain, la ville était condamnée à payer une indemnité pour l'arrestation par la police française d'un ouvrier allemand coupable d'excitation au pillage.

le maire du canton « aurait la bonté... » etc., et finissait par
ces mots : « je me verrai obligé, contre mon gré, *à en* recourir
« à la force ; ce qui serait toujours regrettable [1]. »

Le refus absolu, on le voit, était impossible. Le maire de
Versailles, faisant du moins la réserve de la dignité et de la
loi, répondit qu'il ne pouvait accepter cette extension de pouvoirs et qu'il obtempérerait seulement à la réquisition de trans-
mettre à ses collègues les envois de la préfecture. L'attitude
des municipalités ne pouvait être la même que celle des fonctionnaires de l'état et du département. Elles représentent en
effet le corps des citoyens et en forment pour ainsi dire le
syndicat permanent. A ce titre, en toutes circonstances, elles
demeurent constituées et prennent en main la cause de la
commune. Leur devoir était de négocier perpétuellement avec
l'ennemi, de se défendre pied à pied contre ses exigences,
sans l'irriter par une résistance de parti-pris, et de céder à
la force, en sauvegardant l'honneur. Ce programme fut plus
ou moins celui de la presque totalité des maires du département. Les uns soutinrent mieux l'honneur, les autres incli-
nèrent davantage vers les intérêts. Presque tous opposèrent
du moins aux intimations de l'ennemi la force d'inertie.

Le canton de Marly cependant, sous l'influence d'un conseiller municipal faisant fonctions de maire du chef-lieu,
s'organisa à la prussienne avec un ensemble remarquable.
J'ai sous les yeux une lettre de ce personnage qui
écrit à **M.** de Brauchitsch que : « les quatorze communes
» du canton s'entendent comme un seul homme, sans
» la moindre objection [1]. » Une note fausse, dit-il, a éclaté
dans ce concert; c'est l'instituteur de Chavenay, l'estimable
M. Ricz, qui en est coupable. Et il appelle sur lui les ven-
geances de la Prusse. Cet indigne Français eut peu d'imitateurs.
On cite bien encore, au Thillay, un marchand de vins, qui
s'est fait gloire du titre de *maire prussien*, et a profité de son
pouvoir éphémère pour satisfaire ses rancunes; et quelques
autres qui n'ont pas rougi de devenir les pourvoyeurs de

[1] Milliard. *Les Allemands à La Ferté-Alais*. Paris, 1871, in-8°, p. 31.
[2] Il est certain qu'il les calo......

l'ennemi. Mais je ne finirais pas si, en regard de ces rares infamies, je tentais d'énumérer seulement les emprisonnements, les amendes, les coups, dont la plupart des magistrats municipaux ont été victimes et qui témoignent de leur peu d'empressement à obéir aux volontés de l'ennemi.

§ 4. — LE RECUEIL OFFICIEL DU DÉPARTEMENT DE SEINE-ET-OISE.

Pour régler la marche de l'administration qu'il venait de créer, M. de Brauchitsch fonda un bulletin législatif sous le titre de *Recueil officiel du département de Seine-et-Oise*, dont le format et l'aspect rappelaient, à s'y méprendre, le Recueil des actes administratifs de la préfecture française. Le génie commercial, qui caractérise la nation allemande, lui fit trouver une combinaison heureuse pour rendre cette publication productive. Les communes d'abord durent payer 2 francs par fascicule mensuel (environ 25 pages) et « les restaurateurs, *hôtel-liers* et cafetiers » furent obligés de s'abonner, sous peine de fermeture de leurs établissements. Les arrêtés du nouveau préfet manifestent la double intention d'assurer le bien-être des armées allemandes et la félicité de la population française.

Celle-ci est d'abord déchargée du fardeau de la conscription militaire, et comme il faut quelquefois violenter les gens pour leur bien, une amende considérable est imposée aux familles des hommes qui méconnaîtraient l'intérêt de leur conservation personnelle au point de partir pour défendre leur pays [1]. Afin de donner une sanction à cette menace salutaire, les municipalités sont invitées à fournir des listes nominatives de tous les citoyens présents, âgés de moins de 40 ans. Les nombreux rappels de ces dispositions prouvent assez que les maires se sont montrés récalcitrants. — Puis, avec la plus entière bonhomie, il met les habitants au fait du sort qui leur est réservé, s'ils cèdent à la velléité d'entraver en quoi que ce soit les opérations militaires. Il faut reconnaître que, dans

[1] Page 15.

ce cas, la législation prussienne est d'une extrême simplicité :
« les conseils de guerre ne pourront condamner à une autre
« peine qu'à la peine de mort. Les jugements seront exécutés
« immédiatement. » A cela se joint une application large du
principe de la solidarité humaine : les communes auxquelles les
coupables appartiendront et celles qui auront été le théâtre
du délit seront passibles d'une amende, égale au montant annuel
de leur impôt foncier. Notons encore l'abréviation des formes
et des délais de la promulgation de cette législation libérale.
Il suffit qu'elle ait été publiée dans une commune quelconque
d'un canton pour qu'elle soit immédiatement applicable à toute
la circonscription [1].

Après avoir ainsi assuré la liberté des citoyens et la sécurité du pays, le préfet songe à ses compatriotes et il régularise
leurs relations avec les Français. « Sous tous les rapports il
» ne sera exigé que ce qui est nécessaire pour l'entretien des
» troupes ; c'est-à-dire par jour et par soldat : 750 grammes de
» pain, 500 de viande, 250 de lard, 30 de café, 60 de tabac ou
» 5 cigares, 1/2 litre de vin ou 1 litre de bière, ou 1/10 d'eau-de-
» vie ; et par cheval : 6 kilogrammes d'avoine, 2 de foin, 1/2 de
» paille [2]. » Pour les officiers, sa sollicitude est telle qu'elle
abaisse sa dignité préfectorale jusqu'à la cuisine. Il veut lui-
même dresser la carte de leur repas : potage, entrées, rôti, dessert, vin « rouge, » (il est meilleur à la santé); et pour aider la
digestion : « café et cognac [3]. » Pouvait-on s'attendre, comme
je devrai le raconter dans la suite, à voir le commandement
militaire, oublieux de ces délicates attentions, contrecarrer
l'administration bienfaisante de ce préfet modèle ?

Cependant, les caisses publiques étant fermées, la perception des impôts avait été suspendue. M. de Brauchitsch ne put
se faire à l'idée, contraire en effet à tous les principes, de
contribuables ne payant pas. Il allait de son honneur admi-
nistratif de ne pas laisser s'établir dans le département qui lui

[1] Page 2.
[2] Page 3.
[3] Page 20.

était confié, une coutume aussi subversive. On pouvait dire.
il est vrai, que les réquisitions remplaçaient avantageusement
les contributions ordinaires. Mais un casuiste rigoureux n'ad-
met pas que les œuvres de surérogation dispensent des devoirs
nécessaires. Il établit donc à la préfecture une caisse départe-
mentale, et il ordonna aux maires de canton d'y verser, tous
les mois, à partir du 1er octobre. un douzième de la contribution foncière fixée pour l'année 1870, dont il avait découvert le
rôle général. Il voulut bien en déduire la portion affectée aux
dépenses communales. Pour dédommager de leur peine ces
percepteurs improvisés, il leur passa une remise de 1 p. 0/0
sur la somme imposée au canton. Chaque maire eut 3 p. 0/0 sur
la cote de sa commune.

Au mois de janvier 1871, M. de Brauchitsch s'avisa que la
perception des contributions indirectes était interrompue et
voulut la remplacer. Dans ce but, il ajouta à l'impôt foncier
un supplément de 150 p. 0/0. Mais il n'eut pas le temps d'en
poursuivre partout le recouvrement [1].

En arrivant, les Prussiens avaient frappé le département
d'une contribution extraordinaire d'un million, sous le prétexte
d'indemniser le commerce allemand des prises faites par la
marine française. La ville de Versailles à qui on avait demandé
400,000 francs, obtint remise de cette somme par l'intervention
du prince royal. La part de la ville de Corbeil, fixée à 45,000,
fut répartie entre les communes de l'arrondissement. L'ennemi
paraît avoir renoncé de lui-même à ce tribut, dont je n'ai pas
trouvé trace ailleurs.

Les exigences financières de M. le préfet n'étaient pas faciles
à satisfaire. Les plus riches propriétaires avaient presque tous
quitté le département; les charges multipliées de l'occupation
militaire épuisaient les ressources de ceux qui restaient; les
créanciers de l'état, des compagnies industrielles et des insti-

[15] Il extorqua cependant ainsi 752,404 fr. 50 c.
Arrondissement de Versailles : 148,411 fr. 34 c.
   «   Corbeil,   204,428   08
   «   Etampes,   165,047   65
   «   Mantes.   84.114   82
   «   Pontoise.   »   »
   «   Rambouillet,   150,402   91

tutions de crédit ne pouvaient toucher leurs rentes; il n'y avait
pour renouveler les espèces monétaires que l'argent mis en
circulation par l'ennemi; beaucoup d'habitants avaient payé
leurs impôts d'avance au gouvernement français. Les municipalités n'avaient pas les rôles de perception; néanmoins tous
les contribuables, auxquels elles firent un appel direct, y répondirent. Elles trouvèrent ainsi 1,694,462 francs. Dans les villes
et dans le plus grand nombre des communes rurales, les
maires ne voulurent pas tenir de l'ennemi un droit contraire
aux lois françaises et se refusèrent à lever l'impôt. Ils y sup-
pléèrent par l'emprunt qui fournit 1,101,279 francs 80 centimes.
La plupart ne payèrent qu'à la dernière extrémité, et le moins
qu'il fût possible [1]. A Epinay-sur-Orge, M. Hautefeuille, dont
les deux fils étaient partis à l'armée, subit deux fois des gar-
nisaires, fut emprisonné pendant huit jours à Corbeil et
menacé d'être interné en Allemagne, mais ne paya rien. Le
montant total des cinq douzièmes réclamés par l'ennemi est
de 4,244,832 fr. 75 cent. On ne donna que 2,725,741 fr. 80 cent. [2].
Les maires acceptèrent tous les remises accordées par l'ennemi pour les compter en déduction de l'impôt. Pourtant
quelques-uns, en petit nombre, n'ont pas eu honte de garder ce bénéfice illégal, prélevé sur la détresse publique.
L'état, à défaut de leur conscience, ne les contraindra-t-il pas
au remboursement?

M. Forster, *sous-préfet et conseiller de préfecture*, dont l'abord
brutal était redouté par les Allemands eux-mêmes, mais à qui
il faut reconnaître des connaissances administratives aussi
sûres qu'étendues, dirigeait le travail des bureaux. Il se mit

[1] M. Leclerc, instituteur, faisant fonctions de maire à Viroflay,
sur 45,954 fr. 50 c., ne versa que 1,262 fr. 45 c. —Le maire de Montmorency,
taxé à 6,594 fr. 42 c. par mois, ne paya pour les 5 douzièmes réunis qu'un
total de 1,315 fr., etc.

[2] Arrondissement de Versailles, 946.491 fr. 70 c.
· Corbeil. 522,145 37
· Etampes, 289,074 34
· Mantes, 299,785 63
· Pontoise. 399,591 69
· Rambouillet, 268,653 04

si bien au courant des divers services financiers qu'il sut découvrir et rappeler à des comptables de l'état et de la liste civile, qui ne s'y attendaient guère, l'époque de l'échéance des versements. A la stupéfaction universelle, il fit afficher, dans les formes ordinaires et en temps voulu, l'adjudication des coupes de bois dans les forêts domaniales. Citons deux noms dans le personnel de ses employés : Hirsch, placier à Paris, et Diffenthal, marchand de vins à Marseille, qui, dès les premiers jours de septembre, étaient venus au futur quartier-général, avec plusieurs autres allemands plus ou moins naturalisés, attendre l'arrivée de leurs compatriotes. Les bureaux les plus occupés étaient : celui de la comptabilité, qui veillait à la fois à la répartition et à l'encaissement des contributions, et celui de la police, où se délivraient les laissez-passer. Ce dernier était tenu par un fonctionnaire prussien d'un caractère modéré et bienveillant.

Le préfet de Seine-et-Oise releva d'abord du gouverneur-général du Nord de la France, le grand-duc de Mecklembourg-Schwerin, qui siégeait à Reims. Sous les ordres du gouverneur, deux commissaires civils, le prince Charles de Hohenlohe et le comte de Tauffkirchen, s'occupaient spécialement de l'administration de la province. Le 23 octobre, le duc de Mecklembourg, ayant quitté Reims pour remplir une mission militaire, le lieutenant-général de Rosemberg-Gruszinski, gouverneur de Kœnigsberg, fut chargé de l'intérim. Le 8 janvier, le roi de Prusse créa une seconde province composée des départements de Seine-et-Oise, de la Somme, de l'Oise, de la Seine-Inférieure, d'Eure-et-Loir et du Loiret. Le lieutenant-général de Fabrice, ministre de la guerre du royaume de Saxe, fut mis à sa tête et fixa sa résidence à Versailles. Le conseiller privé de Nostiz-Wallwitz fut nommé commissaire civil près le nouveau gouverneur [1]. Une deuxième sous-préfecture allemande fut établie à Pontoise et confiée à M. Schmidt, assesseur de régence [2].

[1] Le commissaire civil exerçait les fonctions de trésorier de la province.

[2] M. Lanctin, secrétaire de la sous-préfecture, lui refusa son concours

Le *Recueil officiel du département de Seine-et-Oise* ne mentionne pas ces derniers décrets. La publication de ce bulletin fut interrompue à la fin de décembre. En outre des divers arrêtés que j'ai analysés, il contient des instructions postales, des proclamations du roi et du gouverneur, des nouvelles militaires et même des dépêches diplomatiques. Sa rédaction affecte, d'un bout à l'autre, les allures hypocrites du pseudo-philanthrope qui l'inspirait.

§ 5. — LE MAGASIN D'APPROVISIONNEMENTS DE VERSAILLES.

La situation économique du département avait fixé surtout l'attention de M. le préfet. Il multiplia les mesures préventives contre la peste bovine. La circulation et le change des monnaies furent réglementés, des mercuriales dressées. Les intendants militaires pourvoyaient à la subsistance des troupes pour lesquelles de grands magasins avaient été établis sur divers points, notamment à Corbeil, Etampes, Rambouillet, Pontoise et Versailles ; M. le préfet n'avait donc pas d'inquiétude de ce côté, mais il n'était pas aussi tranquille sur le compte des habitants. Versailles, quartier-général, et siège de son administration, le préoccupait. Il entendait dire que les denrées les plus indispensables commençaient à manquer. Quand il vit que la disette allait s'ajouter encore à des souffrances déjà accablantes, il s'émut. On sait que les grandes pensées viennent du cœur. Il conçut donc un vaste et charitable projet qu'il soumit au conseil municipal. Il s'agissait de créer un immense entrepôt de marchandises de toute nature, prises en Allemagne, pour alimenter le département ; le surplus serait vendu aux Parisiens. M. de Brauchitsch avait prévu les plus petits détails de l'exécution ; l'achat et le transport seraient faits par un intermédiaire garanti par lui, M. Baron, qui obtiendrait de l'état-major général toutes les facilités désirables. La ville n'aurait qu'à payer : les deux tiers d'avance, et le complément lors de l'arrivée des colis, non à Versailles, mais

par une lettre pleine de dignité, et se tint en communication avec le sous-préfet français qui s'était retiré dans l'arrondissement de Mantes.

à Nogent-l'Artaud. Cette proposition, à son grand étonnement, ne fut pas accueillie avec l'enthousiasme qu'elle méritait. Un homme, d'une haute intelligence cependant, M. Bersot, membre de l'Institut, parut ne pas comprendre tant de générosité; il ne vit là qu'un moyen dissimulé d'approvisionner l'ennemi avec l'argent français, et il alla même, tant le malheur rend soupçonneux, jusqu'à faire entendre que le choix de l'intermédiaire et le mode de paiement présentaient les caractères d'une de ces opérations commerciales où l'actionnaire joue le rôle de dupe. A son instigation, le conseil municipal résolut de ne faire acheter, sur la proposition d'un syndicat formé des principaux marchands, que les denrées manquant dans le pays seulement, dans la proportion des besoins d'une ville de 35,000 habitants pendant deux mois; et écartant M. Baron, il choisit pour commissionnaire un autre négociant, moins protégé par M. de Brauchitsch. Dans l'entre-temps, ce dernier était parti [1] pour assister à l'ouverture du *reischtag* à Berlin. Quand il revint [2], il s'informa de l'état du magasin; rien n'était encore arrivé. Les marchandises, parvenues à Nancy, étaient arrêtées par la commission militaire chargée de la surveillance des chemins de fer. M. de Brauchitsch somma aussitôt le maire de livrer le magasin garni, le 27 décembre. M. Rameau lui porta les pièces établissant que la ville avait fait ce qu'elle avait pu. Il était évident qu'elle n'avait aucun moyen de surmonter la résistance de l'état-major prussien. Alors la grande âme du préfet, déjà froissée de l'amoindrissement apporté à ses hautes conceptions humanitaires par la mauvaise volonté du conseil municipal, voyant que l'armée allemande elle-même, qu'il avait choyée avec tant d'amour, se tournait contre lui, perdit l'équilibre. Sa colère éclata; la justice demandait une victime expiatoire. Son bras, ne pouvant atteindre l'état-major coupable, retomba sur la ville innocente qui fut condamnée à une amende de 50,000 francs; le maire fut saisi en nantissement et enfermé à la maison de justice dans la cellule des condamnés à mort, avec trois membres de

[1] Le 1er décembre
[2] Le 17 décembre.

4

la municipalité. Mais le conseil de ville se refusa énergiquement à payer l'amende. Comme pour protester contre la conduite du .préfet, le général de Voigts-Rhetz, commandant de
place, vint, le 1er janvier, à la prison, accompagné de son aide-
de-camp, présenter au maire ses hommages. La situation
devenait embarrassante pour le préfet. Mais il avait plus d'un
tour dans son sac. Il imagina tout-à-coup de rendre le syndicat des marchands versaillais responsable et leur fit de grandes
menaces. Les commerçants, effrayés, versèrent trop vite les
50,000 francs, malgré l'opposition de la municipalité, et le
préfet s'empressa de remettre les prisonniers en liberté. Quelques esprits mal intentionnés ont osé insinuer qu'il agissait
de connivence avec la commission militaire et que les 50,000 fr.
représentaient leur part dans l'entreprise Baron, déjouée par
la sagacité de M. Bersot. Mais M. de Brauchitsch est sans
doute fort au-dessus d'une pareille supposition, et si je la rapporte, c'est uniquement pour montrer à quel point les intentions les plus louables peuvent être dénaturées.

V.

L'occupation allemande.

Lors de son installation, M. le préfet avait promis formelle-
ment que les réquisitions cesseraient, ou du moins seraient
payées dès qu'il percevrait régulièrement les impôts. L'armée parut généralement ignorer cet engagement. La ville de
Versailles continuait chaque jour de faire à l'intendance
militaire des fournitures pour le chiffre de 25,000 fr. environ; ses recettes quotidiennes ne s'élèvent pas à plus de
2,500 francs. Du chef des réquisitions, le département n'a pas
dépensé moins de 30,589,830 francs 12 centimes [1]. Le plus clair
résultat de la philanthropie de M. de Brauchitsch fut donc d'a-
jouter à cette charge énorme une exaction nouvelle. Tandis
que l'armée dévorait les denrées, l'administration épuisait
l'argent. Les généraux du moins montraient franchement
leurs dents avides et ne dissimulaient pas sous un baiser de
paix une morsure de sangsue.

Presque partout l'ennemi est installé dans nos maisons et
il mange à nos tables les meilleurs morceaux. Nous sommes
chargés de l'entretenir en force et en santé pour qu'il soit plus
en état de nous battre. Ce semblant d'administration civile ne
nous protége en rien contre les commandants militaires, à la

[1] Arrondissement de Versailles,   11,589,830 fr. 12 c.

«	Corbeil,	5,729,112	84
«	Étampes,	2,235,521	60
«	Mantes,	1,045,096	72
«	Pontoise,	7,471,973	87
«	Rambouillet,	2,717,396	33

merci desquels nous demeurons. Leur première fureur de répression semble pourtant un peu calmée. Néanmoins les officiers s'ingénient à trouver des occasions d'infliger des châtiments. Il est rare que, dans une commune, quelqu'un ne soit pas ou emprisonné, ou mis à l'amende, ou condamné à la schlague, ou attaché à un arbre par le froid et la pluie. On punit d'abord ; l'enquête se fait après. « C'est d'un bon effet » sur les populations, » dit un officier au maire d'Epinay-sur-Orge, « et rien ne contribue davantage à les entretenir dans » les sentiments de respect et de prévenance convenables. »

Les amendes, bien entendu, ne sont pas oubliées. Il y a toujours quelque fil télégraphique brisé. Argenteuil est pour ce motif, frappé d'une amende de 2,000 francs, le 1er novembre, de 80,000, le 2 février ; Arpajon, de 20,000 ; Chamarande, de 6,000 ; Behoust, de 2,000 ; Etampes, de 20,000 ; Jouy-le-Comte, de 1,600 ; Montmorency, de 2,000, etc.., chacun suivant ses moyens. Les maires d'Arpajon et d'Etampes sont en outre emmenés à Orléans et incarcérés.

Les coups de feu, tirés sur les soldats ou sur leurs chevaux, deviennent une source non moins abondante de revenu : 3,000 francs, à Champagne ; 1,000, à Garancières ; 3,000, à Marines ; 2,500, à Marly-la-Ville ; 500, à Maudétour ; 3,000, à Rambouillet ; 2,000, à Versailles, etc. A Cerny, faute d'argent, on prend vingt-trois vaches ; à Villiers-en-Arthies, on demandé 1,000 francs pour un cheval tué ; l'ennemi est à peine parti avec la somme qu'il retourne réclamer 500 francs pour la selle. M. le baron de Korff, officier de uhlans, gendre de Meyerbeer, ce compositeur qui a dû à la France sa renommée et sa fortune, entend, le 13 janvier, deux coups de fusil dans le bois d'Ecouen, tirés certainement par des Prussiens qui chassent. Sans prendre la peine d'instruire l'affaire, il fait à l'instant au général de Pape, commandant de la 1re division d'infanterie de la garde, un rapport concluant à l'imposition d'une amende de 10,000 francs et à la destruction du bois. La caisse du régiment s'enrichit de l'amende et les habitants sont forcés eux-mêmes de couper les arbres. On n'obtient la cessation de l'abattage que le 1er février. A Crespières, il faut payer 1,000 francs pour un coup de fusil que personne n'a entendu. A Autouillet et à Marcoussis, les soldats déchargent eux-mêmes leurs pistolets et accusent les habitants. L'énergie des deux maires empêche le succès de cette ruse. Le maire de Marcoussis, [1] qui avait dénoncé les coupables à leurs chefs fut près de périr victime de la vengeance des soldats qui l'auraient écrasé sous les pieds de leurs chevaux, si un officier ne lui avait porté secours. Le village de Mareil-le-Guyon où des Bavarois ont, sous un prétexte semblable, exigé 50,000 fr. ne veut rien payer et est livré à un pillage complet [2].

Les coups de feu sont aussi l'occasion de perquisitions d'armes dans les mairies et dans les maisons. On ne saurait dire de quelles transes ces malheureux fusils, qui ne servirent à rien, furent la cause ; et il est bien regrettable, puisqu'ils ne devaient pas servir contre l'ennemi, qu'on ne les ait pas renvoyés dans des arsenaux français. Au moment même où les Prussiens, envahissant le rez-de-chaussée de la mairie de Poissy, demandaient à grands cris la livraison des fusils, quelques hommes dévoués, faisant la chaine en silence dans les combles, en passaient trois cents à M. Hély d'Oissel, qui les dissimulait dans un réduit dont l'ennemi ne put découvrir l'entrée. Le maire de Rochefort enfouit dans les bois ses armes et ses munitions. A Janvry, Saint-Chéron [3], et dans quelques autres communes, elles échappèrent aux recherches des Allemands. Bruyères-le-Châtel, sauva soixante-douze fusils de munition, et vingt-quatre révolvers que M. Lefaucheux, armurier, avait distribués. Mais, quand par hasard, les soldats éventent les cachettes, les habitants et surtout les autorités courent les plus grands risques. Madame Denfert, femme de l'instituteur de

---

[1] M. A. Maltebrun a écrit sur ce village une intéressante notice intitulée : *Histoire d'une commune de Seine-et-Oise pendant l'invasion allemande.* Paris, Challemel, 1871, in-8°.

[2] M. Plisson, instituteur à Lévy-Saint-Nom, est arrêté et condamné à être fusillé à cause d'un coup de fusil tiré sur un commandant. Les instances du curé de Dampierre le font mettre en liberté.

[3] Les habitants de cette commune montrèrent une entente, un courage admirables. Après la guerre, ils offrirent une coupe en argent à M. James, maire, pour son dévouement aux intérêts de ses administrés et sa dignité devant l'ennemi. *Notice historique sur l'occupation prussienne à Saint-Chéron.* Paris, P. Dupont, 1872, in-18.

Chambourcy, est emprisonnée pour avoir donné asile aux
fusils et aux cartouches de la garde nationale dans une
chambre de la maison d'école. On les avait, à Méréville, mis
en sûreté au fond d'un souterrain du château dont les issues
avaient été murées. Malheureusement, des boulangers allemands, en construisant des fours de campagne, y pénètrent.
Le maire est arrêté. Son collègue d'Aulnay-les-Bondy manque
d'être fusillé pour semblable découverte, etc.

Après les fusils de munition, vient le tour des fusils de
chasse [1]. L'ennemi les fait déposer en lieu sûr, avec promesse
de les rendre à leurs propriétaires à la fin de la guerre. Mais
pour charmer les loisirs de l'occupation, MM. les officiers
les empruntent, et après s'en être servi, n'ont plus
le courage de s'en séparer. Ils s'attachent aussi aux chiens
qui ne les paient cependant pas de retour. On ne peut voir
sans pitié ces pauvres bêtes, traînées en laisse par les soldats,
la queue entre les jambes, l'œil morne, écœurées de l'odeur
prussienne. Les vieilles armes de prix, ornements inoffensifs
des panoplies, excitent de même leur défiance qui sert de
voile à leur rapine, car elles suivent le chemin des chiens et
des fusils de chasse.

Un moment, leur férocité première se réveille et l'on voit se
reproduire les actes de barbarie qui ont illustré le commencement de l'invasion. Dans l'arrondissement de Mantes, le
franc-tireur continue à être l'épouvantail et des habitants des
campagnes, qui subissent toutes les conséquences de ses
coups de main sans tirer de lui aucune protection, et des
Prussiens, toujours tremblant de recevoir quelque balle lancée
par une main invisible. Ces derniers affectent de le considérer
comme un assassin [2]. Fontenay-Saint-Père est, un jour,

[1] A la Ville-du-Bois, des officiers exigent, sous menace de mort, que le
maire leur trouve des fusils Lefaucheux pour chasser.
[2] « Je vous informe, » écrit le major Von Rosemberg, aux maires des
communes dans lesquelles est cantonné son régiment, « que du moment
» qu'aucune *ennemité* soit faite par les habitants envers les soldats de mon
» régiment, que je ferai brûler le village jusqu'à la dernière maison, et de
» plus, tuer tous les hommes. Par suite de la déclaration de guerre de la

envahi par une troupe furieuse. On a, dit-elle, entendu le tocsin et vu de loin des pantalons rouges et des canons de fusils. Les officiers secouent avec violence le maire qui ne comprend rien à cette irruption soudaine. Enfin on découvre la cause de ce branle-bas ; le curé venait de faire un enterrement. L'écarlate de la soutane de l'enfant de chœur et le scintillement de la croix au soleil, joints au glas funèbre, avaient effrayé un détachement envoyé en réquisition. Un escadron de renfort, mandé aussitôt, était accouru de Mantes ventre à terre. Comme toujours, les Prussiens sauvent le ridicule par l'odieux. Le maire et l'adjoint sont cruellement battus ; les soldats déchaînés se répandent dans les maisons pour briser et piller ; cette scène dure deux heures. Le soir, les vainqueurs rentrent à Mantes avec cinq voitures de butin, des vaches et des moutons. A Saint-Prix, un officier trouve l'écharpe du maire, la prend pour un insigne de franc-tireur et ne la restitue qu'après une longue discussion. Les visites des médecins et des curés aux malades sont suspectes à l'ennemi qui les soumet à une surveillance rigoureuse. Les hommes qui ont l'allure martiale l'inquiètent. Un habitant de Morsang-sur-Seine, âgé de trente ans, est envoyé à Kœnigsberg parce qu'il *a l'air* d'un franc-tireur. A Cernay-la-Ville, une Anglaise un peu virago, soupçonnée d'être un homme habillé en femme, est mise en prison et n'en sort qu'après la constatation médicale de son sexe.— Le village de Gressey près de Houdan est le théâtre d'une horrible boucherie. On y amène de la ferme de Bienouvienne [1] dix hommes : fermier, domestiques et ouvriers, accusés d'avoir donné à manger à des francs-tireurs et on les fusille au lieu dit Le Fond-de-la-Mare.

Cependant les troupes françaises qui couvrent la frontière du département de l'Eure reprennent l'offensive vers le milieu

» part de l'armée française, sommes-nous ici et nous reconnaissons tout » l'ennemi en uniforme. Nous ne ferons aucun mal à la personne ou à la » propriété de citoyen, que ne prend part à cette guerre, mais nous n'au- » rons aucune pitié envers les communes où l'assassinat aura lieu. » — Cette pièce m'a été communiquée par M. Pestel, maire actuel du Tremblay; elle est datée de Pontchartrain, 13 octobre.
[1] Commune de la Ville-Lévêque (Eure-et-Loir).

du mois d'octobre. Elles occupent Breval, et tiraillent, le 20, sur des Prussiens en réquisition à Cravent. Quinze cents francs-tireurs et mobiles de l'Ardèche, campés dans la forêt d'Hécourt près de Villegast (Eure), attaqués le 22, repoussent l'ennemi jusqu'à Saint-Illiers-la-Ville et lui tuent quelques hommes parmi lesquels un officier de distinction. Pour recouvrer son corps, le général commandant à Mantes rendit la liberté à plusieurs employés de chemin de fer. Le 31, des mobiles surprennent douze hussards près de Breval. Sous le prétexte que l'officier qui commandait les Français portait un habit bourgeois, le feu est mis aux plus belles maisons de la ville. Une partie du village de Limetz est incendiée, le 4 novembre. Le pays est alors fouillé de fond en comble par les Prussiens. A Perdreauville, ils cherchent les francs-tireurs jusque dans les armoires et font tout le linge prisonnier. Le 17 novembre, Ménerville est bombardé [1] parce que des mobiles ont tiré, à Boissy-Mauvoisin, sur des éclaireurs. Des dragons menacent Auffreville du même sort. Plusieurs gardes nationaux, indignés, reprennent leurs armes déposées à la mairie. vont attendre l'ennemi à quelque distance du village et le chassent à coups de fusil. L'un de ces braves paysans tomba percé de plusieurs balles.

Le 19 novembre, une compagnie de francs-tireurs, recrutée dans Seine-et-Oise, à la barbe de l'ennemi, au milieu des plus grands dangers, par M. Poulet-Langlet, vient prendre position à Blaru. Ce courageux citoyen, ancien dragon, avait d'abord tenté, avec une douzaine hommes déterminés, malgré l'opposition des maires, terrifiés par l'incendie de Mézières, de couper la correspondance de l'ennemi sur la rive droite de la Seine. Le 15 octobre, caché dans les bois, non loin de Fontenay-Saint-Père, il avait tué ou blessé un capitaine et quatorze cavaliers. Pour les venger, les Prussiens se précipitent sur ce malheureux village qu'ils avaient déjà mis à rançon, tuent cinq habitants qui montaient la garde à l'entrée des rues et incendient plusieurs maisons. L'une des victimes, Fortuné Aubin, pom-

[1] Les bombes causèrent à la ferme de M. Vivier, maire, un dégât estimé à plus de 65,000 francs.

pier, respirait encore; ils jettent ce malheureux sur un bû-
cher, formé de fagots arrosés de pétrole, et le brûlent à moitié
vivant. Un homme du voisinage avait servi de guide aux
soldats ; il expie aujourd'hui sa trahison dans les cachots.
M. Poulet-Langlet comprit alors que le mal qu'il pouvait faire
à l'ennemi par ces attaques isolées n'était pas comparable aux
désastres que les représailles attiraient sur les habitants
inoffensifs, et réunissant les gens de cœur qui voulurent le
suivre, il alla offrir ses services au gouvernement de Tours.
Mais il n'eut pas la satisfaction de livrer combat aux Prussiens
dans le département de Seine-et-Oise. Il était à peine arrivé
à Blaru que l'entrée de l'armée allemande à Rouen forçait les
nôtres à battre en retraite. Le 26 novembre, la ligne de l'Eure
fut abandonnée par les Français.

A dater de ce moment, les cantons de Bonnières et de Mantes recouvrent un peu de tranquillité et ne sont plus occupés
d'une manière permanente. La contrée, comprise entre l'Oise
et la Seine à l'ouest, est la moins foulée du département; à part
quelques points munis de garnisons, elle n'est guère, la plupart du temps, visitée que par des soldats en réquisition. Il
en est de même dans les cantons de l'Isle-Adam et de Luzarches. Deux fois par jour, des patrouilles parcourent les chemins ; souvent on les voit battre la plaine pour tuer le gibier.
Dans les villages, elles mènent en passant joyeuse vie aux
frais des habitants.

Poissy et Meulan, que leur situation isole des opérations militaires, sont relativement heureux. La première de ces villes
avait été un moment sérieusement menacée par les mauvaises
dispositions des détenus de la maison centrale, tout prêts à
se révolter. L'énergie du maire conjure ce danger. Il obtient
de l'ennemi de garder ostensiblement cent fusils pour la police
de l'établissement pénitentiaire. A Saint-Germain, l'habitant
n'a pas la charge des troupes qui logent dans les casernes. Le
pavillon Henri IV reçoit fréquemment les princes qui viennent

chasser à courre dans la forêt ou contempler de la terrasse le Mont-Valérien que la canonnade entoure d'un panache de fumée [1].

Plus au midi, les cantons, situés sur les routes de Dreux, de Chartres et d'Orléans, sont accablés par les passages continuels de troupes et de convois. La petite ville de Houdan, dont la population est de 2,000 âmes, n'héberge pas moins de 90,000 hommes et 72,000 chevaux. Etampes a, pendant tout l'hiver, sous les yeux un spectacle navrant. Dans les magasins de la gare, ouverts à tous les vents, sont attachés des centaines de chevaux, enlevés par force dans les campagnes, sans litière, presque sans nourriture, fouettés par la pluie et la neige. Leurs conducteurs grelottent à côté d'eux ; emmenés pendant l'été, vêtus d'une blouse en toile, on les gardait ainsi par des froids de quinze degrés, mourants de faim et roués de coups. Plusieurs sont tellement maltraités qu'ils s'enfuient, abandonnant chevaux et voitures [2]. Beaucoup périrent des suites des tourments qu'ils avaient endurés [3]. C'est ce que S. M. Guillaume, ce pasteur des peuples, appelle respecter la personne et les biens des citoyens. La plus meurtrie de toutes les villes du département est Corbeil ; le 4 mars, elle enregistre la 8,914ᵉ réquisition. Elle loge 500,000 Allemands, sans compter 45,000 prisonniers français [4]. Je dirai plus loin les dévouements qui luttèrent contre ces maux infinis.

A Versailles, les souffrances matérielles sont moindres, et on le doit surtout à la fermeté et à la sagesse du conseil municipal. Mais l'âme y est blessée à mort. Le pavillon prussien remplace sur les palais notre drapeau abattu. Nous entendons, le 5 octobre, lors de l'entrée du souverain de la Prusse, des goujats et des espions crier : « Vive le Roi ! » dans la ville et dans la langue de Louis XIV. Guillaume, qui se souvient peut-être que, en 1815, on avait illuminé par ordre les églises

[1] Les Prussiens l'appelaient la *petite ferme*. La forteresse a en effet, de ce côté, un faux air de maison rustique.

[2] A Corbeil, le 9 mars, l'ennemi faisait vendre, pour 750 thalers, cent vingt-quatre voitures, ainsi laissées par leurs propriétaires.

[3] Le 19 décembre, M. Hély-d'Oissel, déclara qu'il n'obéirait plus désormais aux réquisitions de chevaux et voitures.

[4] Corbeil a seulement 5,541 habitants.

et les édifices publics, le jour anniversaire de sa naissance, veut que la population versaillaise prenne sa part de la joie prussienne. Le commandant de place français [1] est sommé de contre-signer une invitation aux habitants d'assister aux grandes eaux dont le roi se donne le spectacle, le lendemain de son arrivée. Il s'y refuse et l'affiche ne paraît pas. Après avoir vu pendant vingt années des hommes d'état français faire litière en Europe de nos intérêts et des traditions séculaires de notre politique, nous sommes contraints d'assister à la consommation par l'ennemi de leur œuvre abhorrée. Le palais de Versailles, dont toutes les pierres parlent des hauts faits du peuple français, devait être le témoin souillé de nos hontes. Dès les premiers jours, le prince royal avait réuni ses troupes devant la statue de Louis XIV, pour leur distribuer des croix. C'est autour de l'effigie du grand Roi qu'on range les canons pris sur nos armées. Le 14 décembre, la ville est requise de fournir des logements à trente députés, envoyés par le *reichstag* pour offrir au roi de Prusse la dignité ressuscitée d'empereur d'Allemagne. Le lecteur de S. M. a rapporté que Guillaume hésita quelque temps ; craignant, disait-il, que ce titre ne l'éloignât des Prussiens sans le rapprocher davantage des autres Allemands. Dieu veuille que ce pressentiment se réalise un jour ! Enfin le chancelier surmonte ces scrupules et le temple consacré *à toutes les gloires de la France,* est choisi pour la proclamation de l'empire élevé sur sa défaite. Le 18 janvier, la diète nouvelle prend séance dans la galerie des glaces, entre les salons de la Paix et la Guerre, sous ces voûtes où Lebrun a retracé la gloire du triomphateur qui avait déchiré de son épée « la robe verte du Rhin allemand ; » du conquérant de la Flandre, de la Franche-Comté et de l'Alsace ; de l'inspirateur de Vauban, qui portant notre frontière jusqu'à Sarrelouis et Landau, l'avait couverte d'une triple muraille de forteresses ; du politique, protecteur des faibles en Europe, qui en avait garanti les plus lointaines approches par une ceinture d'alliés. Là le roi de Prusse écrase du talon la France mutilée, et

[1] M. Franchet d'Espérey, dont l'intervention a rendu aux autorités et aux habitants de Versailles les plus grands services.

après avoir mis à néant tous les fruits de notre politique et de
nos armes depuis François Ier, ressaisit le sceptre tombé de
Frédéric Barberousse, au bruit du bombardement, poursuivant
la destruction des monuments du génie français. Tous les prin-
cipicules allemands font en personne ou par procureur l'hom-
mage-lige à leur nouveau suzerain ; le roi de Bavière avait
revendiqué l'honneur d'entonner l'impériale antienne [1]. Une
bannière multicolore balance dans les airs les symboles héral-
diques de ces revenants d'un autre âge. Je ne doute pas que
les « hauts alliés » de Guillaume, n'aient été sensibles à l'attention délicate avec laquelle il leur a fait toucher du doigt,
en fixant cette proclamation au jour anniversaire du couron-
nement du premier roi prussien, l'asservissement de l'Allemagne à la Prusse. Le soir, l'hôtel de la préfecture, illuminé
et enguirlandé de lierre et de rubans, est le théâtre d'une
fête triomphale. Les musiques parcourent les rues de la ville
à la lueur des flambeaux. De semblables démonstrations
avaient célébré la capitulation de Metz, aube de cette mémo-
rable journée.

Nous contemplons, depuis cinq mois, les sinistres bâtisseurs
de l'édifice dont la cérémonie du 18 janvier est le couronne-
ment : Molkte, à qui une vie studieuse et austère a fait une verte
vieillesse, — ses traits rigides, son œil brillant et froid comme
l'acier, sont l'incarnation d'une invincible volonté, dirigée par
une haute intelligence ;— et Bismark, dont la physionomie tour-
mentée accuse une âme moins tranquille ; on le rencontre
souvent, seul, monté sur un grand cheval, promenant dans
les sentiers de Trianon, les soucis de sa politique d'incendie,
de ruine et de sang. Sa haute taille, son port imposant cau-
seraient un saisissement involontaire, si une large casquette
blanche, à lisérés jaunes, coiffure des « magnifiques cuiras-
» siers » dont il est colonel, ne ceignait son chef héroïque d'une
sorte d'auréole grotesque. Autour d'eux et sous les regards des
correspondants de la presse européenne, règne l'ordre le plus
parfait. Les desseins du chancelier exigent que tous les échos

---

[1] C'est le roi de Bavière qui proposa le rétablissement de l'empire. Il se
fit représenter à la cérémonie.

répètent que la Prusse est la plus modérée des nations victo-
rieuses, et que la France, après avoir allumé la guerre, n'en
sait pas supporter les plus justes et les plus inévitables conséquences. L'empire germanique, sortant de ses langes, ne
peut encore se passer de la bienveillance des peuples civilisés.

Les Allemands, subitement amalgamés en nation par la
main puissante de ces deux hommes, présentent dans leur
caractère des oppositions heurtées. Rêveurs, mélancoliques,
amants de l'idéal le plus vaporeux, ils sont, dans le commerce
de la vie, pratiques, âpres au gain et retors. Intempérants et
brutaux, ils cachent d'ordinaire la violence de leurs instincts
sous une apparence paterne et béate, comme des tigres au
repos. Les Prussiens sont d'une race supérieure, intelligente,
disciplinée. Leur aristocratie a toutes les vertus de gouvernement qui ont manqué à la noblesse française. Sceptique et de
mœurs légères, elle se garde bien de donner au peuple le
scandale de l'irréligion et de la débauche: au dehors, elle porte
un masque de dévotion et d'austérité. Elle sait se faire obéir ;
ce n'est pas elle qui recule devant l'emploi de la rigueur. Elle
tient l'étude en grand honneur, mais elle gâte sa science par
une pédanterie revèche, et le goût lui manque. Elle se rit de
la générosité qu'elle traite de chimère. Toutefois, quand il y va
de son intérêt, elle sait dissimuler sa morgue hargneuse et
son mauvais cœur sous les dehors d'une bonhomie féline.
Ses qualités et même ses défauts la rendent admirablement
propre à la politique et à la guerre. Au quartier-général, le
chancelier compose, non sans effort, pour la grande Allemagne,
l'attitude magnanime avec laquelle il prétend qu'elle figure dans
l'histoire. Ailleurs le naturel se donne davantage carrière.

S. M. Guillaume pratique la piété qui respire dans ses
lettres à la reine Augusta [1]. Sur son ordre, le service religieux

[1] Madame Eugénie Peyrat, femme du pasteur protestant de Saint-Germain-en-Laye, écrivit à la reine de Prusse pour la supplier d'intervenir en
faveur de la paix. S. M. Augusta lui répondit que la cessation de la guerre
était son plus vif désir.

est célébré par les ministres protestants et catholiques, dans les camps et dans les garnisons. Avant la bataille, les aumôniers des deux cultes parcourent les rangs, ranimant les courages et promettant la palme céleste à ceux que la mort priverait des lauriers préparés aux vainqueurs. Le spectacle de ces soldats, nu-tête, la main appuyée sur leurs sabres, chantant des cantiques sous les marronniers du parc, n'est pas sans grandeur.

Une sévère discipline réprimait la débauche et l'ivresse. On doit reconnaître, à l'honneur de l'armée allemande, que les femmes honnêtes sont respectées [1]. Son obéissance en ce point est d'autant plus méritoire que les officiers ne lui montrent pas toujours l'exemple des bonnes mœurs. Partout où ils en trouvent l'occasion, ils se livrent en secret à des orgies. Un grand nombre introduisent de force des filles de joie dans des maisons respectables [2]. Quelques soldats les imitent. Les journaux d'outre-Rhin se sont donné le ridicule de transformer en hommages spontanés des cœurs du beau sexe français subjugué, ces conquêtes trop faciles, dont les *lazareths* durent souvent recueillir les héros [3]. Il ne fut pas aussi facile de triompher de la passion des liqueurs fortes. L'ivresse réveille chez l'Allemand la férocité endormie. Quand il est gorgé d'eau-de-vie, il a soif de sang. On le voit alors dégainer contre des vieillards et des enfants, faire feu sur des populations inoffensives [4], traîner les femmes par les cheveux, battre des prêtres dans les rues [5]. A Authon-la-Plaine et à Septeuil, il égorge ainsi deux hommes. Les habitants de Septeuil, exaspérés, tuent le meurtrier qui appartenait au 9e hussards. Le colonel fit mettre le feu au village, dont cinq maisons brûlèrent entièrement.

A Versailles, soldats et officiers qui, à peu d'exceptions près, portent tous au roi une affection sincère, aiment à vanter sa clémence. Le préfet et le commandant de place, cherchant une

[1] A de très-rares exceptions près, suivies le plus souvent d'une punition. Les violences d'Ablon sont cependant demeurées sans châtiment.
[2] Dans le presbytère de Gournay-sur-Marne, à Franconville, etc.
[3] Notamment à Montfermeil.
[4] A Arnouville, des soldats tuent une femme dans la plaine et blessent de deux balles une jeune fille de quinze ans, le 15 décembre.
[5] A Montfermeil et Saint-Cyr-en-Arthies.

prison, veulent un local éloigné des yeux de ce monarque, « trop bon », disent-ils, qui ne pourrait supporter la vue des prisonniers. Le prince-héritier est réellement bienveillant. Il se fait volontiers l'interprète, auprès de son père, des plaintes des malheureux, et on lui doit la remise de nombreuses condamnations. Il va à pied dans les rues avec une simplicité de bon goût et, sans l'uniforme prussien dont il est vêtu, ses allures seraient sympathiques. Il a un imitateur dans le prince royal de Saxe. Quelques commandants se montrent humains. A Viroflay, le général Ottinger défend la commune contre la rapacité du préfet, et n'exige d'elle pour toute réquisition que l'éclairage du poste. Les traits chevaleresques sont rares dans l'armée allemande ; je cite ceux que j'ai recueillis avec plaisir, car je m'honore de tout ce qui relève l'humanité même dans l'ennemi. A Rueil, le 25 octobre, les Prussiens rapportent aux avant-postes français, couvert de fleurs et de lauriers, le corps d'un officier tué à La Jonchère. Les habitants du Raincy ne trouvent pas sans émotion dans les champs une petite planchette fichée en terre avec cette inscription : « Ci-git un jeune guer-
» rier français, tué le 14 octobre 1870, pendant un combat de
» postes-avants. VOIGT, lieutenant ; *renouvée* par la 1re compa-
» gnie du régiment garde-artillerie prussien. » Le général Voigts-Rhetz, commandant de place à Versailles, fait rendre les honneurs militaires à un lieutenant de notre armée,[1] accompagne lui-même le convoi et a la délicatesse de se retirer, un peu avant l'arrivée au cimetière, pour ne pas gêner par sa présence la manifestation des sentiments français. Un simple soldat, dont je regrette de ne pas savoir le nom, a un mouvement digne des héros de Corneille. Chargé d'incendier une maison, à Limetz, il en voit sortir une famille éplorée qui se jette à ses genoux. Emu, il hésite un instant ; la pitié et la discipline se disputent son cœur. Enfin il prend son parti, jette à ces malheureux tout l'argent qu'il possède, met le feu et se sauve sans se retourner. Certaines communes ont à se louer des procédés de l'ennemi : à Andresy, il aide les habitants dans les travaux de toute nature. Ses médecins visitent

---

[1] M. Godard, de Versailles.

les malades français avec empressement, à Montfermeil et au Plessis-Gassot. Le village de Saint-Prix est touché de la conduite de deux soldats qui, logés chez une marchande de tabac, âgée et restée seule avec un jeune enfant, la soignent avec une piété presque filiale.

Pourquoi faut-il après cela citer des actes d'insolente grossièreté : comme ce soufflet, donné dans la rue au curé de Brunoy par un officier que le prêtre avait cru devoir ne pas saluer le premier ; et dans le même village, ces brutalités exercées par des soldats du 61e de ligne prussien, dont le colonel a les allures d'un fou furieux, contre un vieux légionnaire du premier empire et une femme de soixante-quinze ans ? A Abbeville, un autre officier, se disant gentilhomme, frappe du poing la figure du maire, qui en a l'œil injecté de sang. A Yerres, ce sont des coups de manche de cravache qu'un officier encore assène sur les doigts d'un conseiller municipal septuagénaire. Un prince de Hohenlohe [1], passant devant l'ambulance de Bures, abat d'un coup de sabre le drapeau français que devait protéger la convention de Genève. A ces lâchetés se joignent des cruautés inouïes. M. Jacquin, instituteur, pris, sans ombre de motif, dans une perquisition, faite à Marly-la-Ville pour trouver le meurtrier d'un soldat prussien, est garrotté sur une voiture où pendant plusieurs heures il est le jouet de la soldatesque qui l'accable de coups. On l'attache ensuite dans une salle, contre une fenêtre ; on passe autour de ses mains une corde fixée au loquet de la porte, qu'on s'amuse à tout instant à pousser brusquement afin qu'en s'ouvrant elle tire douloureusement les muscles du patient. Ce supplice dure toute une nuit. Menacé de semblables traitements, un jardinier de Champlan se sauve dans le clocher où on lui fait pendant douze jours monter des aliments par une corde. A Saint-Remy-lez-Chevreuse, un vieillard qui revient des champs avec un enfant de dix ans, essaie de défendre ses pommes de terre qu'un officier ordonne de lui enlever. Il est frappé à la tête de coups de sabre et l'enfant martyrisé par ces sauvages, qui n'ont pitié ni de l'âge ni de la faiblesse [2].

[1] Lieutenant au 14e hussards.
[2] Le pauvre petit avait voulu prêter main-forte à son grand-père. Sur

Un jeune homme, accusé d'avoir mal parlé du clément roi de
Prusse, est exposé, les membres écartés sur une roue, pendant
plus d'une heure, dans la cour du château de Villers-en-Arthies. Quand on le détache, il ne peut plus se tenir sur ses
jambes ; néanmoins ses bourreaux qui ne l'ont pas encore assez
torturé, l'entraînent à pied jusqu'à Avernes ¹ d'où ses parents ne
peuvent le ramener qu'avec les plus grandes difficultés. A Athis-
Mons, des soldats jettent à la porte de sa maison une femme octo-
génaire. Son fils la met, mourante, sur une brouette et s'en va
ainsi quêter un gîte dans le village. — Aux portes mêmes de
Versailles, dans le hameau des Gressets ², sept personnes s'é-
taient réfugiées dans une maison. L'une d'entr'elles meurt de
la petite vérole, le 20 décembre. Dans la crainte de la conta-
gion, les Prussiens clouent les portes et mettent à distance un
factionnaire en observation. C'est à grand'peine qu'une reli-
gieuse obtient la permission de passer aux prisonniers de
l'eau et du pain à travers les barreaux de la fenêtre. Le
1ᵉʳ janvier, l'épidémie atteint les époux Saunier et leurs deux
enfants. Ils guérissent ; mais la consigne n'est pas levée et les
enfants meurent de faim, au bout d'un mois. Le père se montre
sur le seuil pour accompagner leurs restes au cimetière. Cou-
ché en joue, il est forcé de rentrer au plus vite. Le séquestre
de ces malheureux n'est levé que le 11 mars, après le départ
de l'ennemi.

Le roi, les princes et les dignitaires donnent, au quartier-
général, l'exemple de la probité. Guillaume, voulant un souvenir des insomnies qui, pendant cette guerre atroce, ont hanté
son chevet, a soin de faire prévenir le concierge qu'il emporte
le bougeoir de sa chambre à coucher. Le maître d'hôtel du
prince-héritier, qui passa huit jours à la préfecture, s'annexa,
seul, un assortiment de casseroles. M. de Bismarck, désirait

l'ordre de l'officier, il reçut la schlague ; son corps était tout bleu de coups.
¹ A deux lieues. — Voyez dans le livre de M. de La Rue : *Sous Paris pendant l'invasion*, le récit des tortures qu'on a fait subir à trente-neuf habitants
du Châtelet (Seine-et-Marne), traînés, enchaînés, jusqu'à Epinay-sur-Orge,
alignés en chemin plusieurs fois et couchés en joue, enfin cruellement battus de verges, avant d'être mis en liberté, p. 226.
² Commune de La Celle-Saint-Cloud.

vivement avoir une statuette qui décorait la pendule du salon de la maison qu'il habitait [1]. Après avoir tenté d'abord de l'obtenir en don de la propriétaire, puis offert vainement de l'acheter, il l'a laissée à sa place. M. de Molkte, avant de partir, faisait constater par son hôte qu'il lui remettait toutes choses en état. Les officiers des 3e et 4e colonnes d'approvisionnement du 4e corps prussien, qui ont occupé les maisons abandonnées de Montlignon pendant tout l'hiver, n'y dérangèrent pas un meuble. Un officier du 31e de ligne fit transporter au château de Saint-Prix, les collections de M. Double et en assura ainsi la conservation. Le prince royal sauva quelques débris de l'atelier de M. Gérôme à Bougival, de la bibliothèque et des œuvres d'art, échappés à l'incendie du château de Saint-Cloud, et mit en sûreté, à Versailles, des vases de la manufacture de Sèvres qui n'avaient pu trouver asile à Paris [2]. Plusieurs officiers et soldats s'empressèrent de déposer aux mairies l'argenterie et les valeurs qu'ils trouvèrent dans leurs logements. Le prince royal de Saxe fit rendre aux habitants du Raincy pour plus de cent mille francs de titres, déposés entre les mains de ses officiers de justice.

Partout où les chefs le veulent, la propriété est respectée. Mais ils le veulent rarement. La discipline ne prévoyait point, paraît-il, ce genre de délits, et on cite comme un prodige un officier de la landwehr de la garde qui, à Saint-Prix, voyant des soldats saccager une maison, s'emporta jusqu'à mettre l'épée à la main contre eux. Plusieurs commandants avouèrent qu'ils avaient reçu le mot d'ordre secret d'appauvrir le pays par la dévastation. Certes, je ne m'arrêterais pas à relever des pillages isolés, quelque nombreux qu'ils fussent, comme ceux dont l'armée prussienne se rendit coupable en 1815. Je ne dirais rien encore, si le détournement s'était borné à transporter d'un lieu dans un autre les matelas, la batterie de cuisine et les meubles nécessaires. Je pardonnerais même faci-

---

[1] Elle représente l'ange du mal.

[2] Au dernier moment on avait porté au Louvre les pièces les plus importantes, ce qui resta à Sèvres fut emporté par les officiers *en souvenir*. Les soldats mutilèrent une collection de petits modèles. Tous les vases apportés à Versailles n'y restèrent pas.

lement certaines destructions, trop reprochées à nos mobiles. Quand il gèle à quinze degrés, ou qu'on est trempé par la pluie et par la neige, l'instinct de la conservation s'exaspère et, si l'on manque de bois, on fait feu des meubles, des persiennes et des parquets. On a vu, en Crimée, des Anglais brûler leurs propres baraques pour se chauffer.

Mais tels n'ont pas été seulement les excès de cette campagne. La dévastation a été systématique, elle s'est opérée sous l'œil des généraux. Dès que la sécurité de l'armée allemande ne fut plus sérieusement menacée, les soldats se mirent à fouiller les maisons désertes avec le zèle le plus actif. Les murailles furent sondées, les jardins retournés pour découvrir les cachettes où les fuyards avaient cru mettre en sûreté ce qu'ils avaient de plus précieux. De temps à autre, on annonçait, à grand renfort de réclame, le dépôt au quartier-général de quelques menus objets; mais le plus grand nombre prenait la route de l'Allemagne. La poste facilitait singulièrement ces expéditions. Moyennant un prix très-modique, elle se chargeait de paquets atteignant un poids assez fort. On pouvait ainsi envoyer des châles, des robes, des bijoux en souvenir. Le vol se colorait d'une nuance sentimentale. Quand les routes et les chemins de fer devinrent plus libres, on vit défiler des convois de caisses. Il est des gens dont la tête plus dure n'a pas de trop de tout un mobilier pour réveiller une mémoire rebelle. Le 3 décembre, un lieutenant du 27e de ligne, à la tête d'un détachement, s'empare des meubles du salon de M. Lamy, à Eaubonne. Le 2e régiment de la garde vient enlever, le 21 novembre, vingt-cinq voitures de mobilier à Beaumont-sur-Oise. Pour compléter leur chargement, des soldats entrent dans une maison habitée et arrachent les couvertures d'enfants endormis au berceau. La mère va pour se plaindre au général. Elle le trouve sur le perron du château, surveillant le déménagement des appartements. Il faudrait des volumes pour citer tous les faits de pillage [1]. L'ennemi d'ailleurs souri-

[1] Je nommerai pourtant l'un des plus importants agriculteurs de Bavière, M. le baron de Guttemberg, qui expédiait à la baronne des draps de lit de M. Montgobert, adjoint de la Ville-du-Bois. — Quatre officiers volèrent à M. Tatout, maire de Bouray qui n'avait pas émigré, une collection de mé-

rait de me voir entreprendre la démonstration par des preuves
d'un abus qu'il avait tout d'abord érigé en axiôme. « Les mai-
» sons désertes, disaient, à Jouy-en-Josas, les officiers du 11ᵉ
corps, appartiennent au soldat. »

La jurisprudence de l'administration civile prussienne sur
la question du bien d'autrui semblera au moins curieuse.
Dans le *Recueil officiel* ¹, M. de Brauchitsch porte à la connaissance du public que des soldats ont trouvé divers objets dans
des maisons désertes dont les propriétaires sont connus et
même nommés dans la teneur de l'avis, et il termine par cette
étrange conclusion que si, passé le délai de quinze jours, ils
ne sont pas réclamés, ils seront regardés comme *sans propriétaires* et attribués à la caisse de guerre allemande. C'est le
développement officiel de la proposition énoncée par l'état-major du 11ᵉ corps. Tout le monde y verra, sous couleur de
restitution, l'invitation la plus claire à fouiller pour voler. Et
afin de ne pas gêner des recherches aussi fructueuses, on em-
pêchait de rentrer chez eux les habitants que la peur avait
fait fuir et que la faim ramenait au logis. Il ne faudrait cependant pas trop s'étonner de ces théories qui ne sont
que l'application à la propriété privée du *droit historique,* in-
venté par les jurisconsultes allemands pour justifier la politique du nouvel empire.

dailles.—Le 24 septembre, la caisse de l'ambulance de Palaiseau fut croche-
tée par des soldats qui y avaient été soignés, et les coupables ne furent pas
poursuivis, etc., etc.

¹ Page 21.

VI.

Le Moniteur officiel prussien.

Tandis que M. de Moltke se jetait sur nous avec l'élan formidable du lion, M. de Bismarck ne dédaignait pas le rôle de la fourmi de la fable. Sa plume, nous piquant au talon, s'efforçait de détourner notre attention de la résistance. Le chancelier ne manie pas les moyens « psychologiques » avec moins de dextérité que le général ne meut les armées. Il essaie d'abord de se servir, dans ce but, de la presse française elle-même. En son nom, M. de Brauchitsch annonce que les journaux des départements occupés continueront à paraître, à la condition seulement d'insérer les actes et avis de l'autorité. L'*Union libérale* et le *Journal de Versailles* publient quelques numéros, dans la première quinzaine de l'invasion, sur papier rouge ou jaune ; le blanc manquait dans les magasins [1]. Mais M. Jeandel, s'étant permis d'inviter le peuple allemand à renoncer à la guerre fratricide où le poussaient ses rois, pour accepter la main que lui tendait la république française, ne tarde pas à être puni de son audace par la prison. M. Masson, imprimeur à Meulan, qui a inséré en tête de l'*Etincelle* l'article 77 du code pénal défendant de fournir des vivres à l'ennemi, est incarcéré à Saint-Germain [2]. Devant ces encoura-

[1] La *Concorde* de Seine-et-Oise distribua aussi plusieurs numéros. Mais le directeur ayant été mis à l'amende pour avoir donné des nouvelles des mouvements de l'armée française, elle cessa de paraître.

[2] Ce journal fut fondé le 9 octobre 1870. Il eut six numéros. Son principal inspirateur était M. Riffard, maire des Mureaux, aujourd'hui sous-préfet de Mantes. Il avait pour but de relever les courages abattus et d'éclairer les populations sur leurs devoirs envers la patrie. On ne saurait trop louer le patriotisme des rédacteurs et de l'imprimeur.

gements, la presse du département comprit qu'il ne restait à
sa sécurité et à sa dignité que le parti du silence.

M. de Brauchitsch alors crée lui-même un journal. Un certain docteur Lévisone, avant la guerre correspondant à Paris
d'un journal de Berlin, se trouve à Versailles, à point nommé,
pour lui servir de rédacteur. Le 15 octobre, on affichait un
carré de papier sur lequel nous lisions que « l'ennemi » avait
été battu, le 10, à Artenay, par le général bavarois Von der
Thann. Cela s'intitulait : *Le Nouvelliste de Versailles, journal
quotidien, politique*. Jusqu'à la fin d'octobre, les Prussiens,
craignant un mouvement de l'armée de Bazaine, avaient été
incertains de l'avenir. La capitulation de Metz, leur enlevant
toute inquiétude, ils s'installèrent définitivement. A ce moment, la feuille du docteur Lévisone en était à son treizième
numéro. Le 28, un avis nous annonce que, la chenille se trans-
formant en papillon, l'officieux *Nouvelliste* devient le *Moniteur officiel du départeemnt de Seine-et-Oise* [1]. En même temps
que le titre, le format s'allonge et passe de l'in-quarto à l'in-folio.
Après treize numéros, il hasarde la double feuille. Bientôt il
prend tout-à-fait les allures d'un journal ordinaire. Il publie les
mercuriales des marchés, la liste des décès, les annonces commerciales des juifs allemands, venus à Versailles pour y ouvrir des magasins de comestibles, d'armes et d'effets d'habil-
lement. Enfin, il se complète par des variétés littéraires [2].
L'abonné, fatigué de la politique, peut se reposer dans la
lecture d'un roman, choisi avec une délicatesse infinie. Le
directeur, comprenant que des couleurs trop vives blesse-
raient nos yeux endoloris, n'étend devant eux que des nuances
douces, fondues dans une lumière grise. Il nous sert les impressions sentimentales d'une jeune malade, guérie par les
effluves de l'amour [3].
Mais le docteur Lévisone ne fut pas admis suivre à dans son

[1] Le 8 janvier, ce titre fut changé en celui de *Moniteur officiel du
gouvernement général du nord de la France et de la préfecture de Seine-et-
Oise*.

[2] Le *Moniteur officiel* a eu 107 numéros ; le dernier est du 4 mars 1871.

[3] *Méran, journal d'une jeune malade*, par Paul Heyse.

développement l'enfant qui lui devait le jour. On lui donna
un parrain plus illustre : M. Bamberg, ex-consul de Prusse à
Paris, qui ne trouva pas cette besogne au-dessous de lui. On
peut même croire qu'une main plus illustre encore daigna
parfois y travailler. Le maire de Versailles, mandé par le
chancelier, le trouva, un soir, découpant dans des journaux
des articles, qu'il collait ensuite sur du papier blanc[1]. M. Bamberg s'en tint à peu près à ce procédé de rédaction ; rarement
il prit la parole lui-même. Les colonnes étaient remplies par
des citations, appropriées à la thèse qu'il voulait soutenir et
se suivant dans un ordre intelligent. Le docteur Lévisone
obtint en dédommagement, je ne le dis pas pour me vanter, la
place, provisoirement vacante, de l'archiviste du département.

Ce journal fut le supplice le plus aigu de l'invasion. Quand
on voyait son texte s'étaler sur les murailles, on détournait
d'abord la tête avec horreur ; et puis, comme on était absolument sans nouvelles certaines, on finissait par s'approcher, se
flattant qu'on saurait apercevoir entre les lignes quelques
lueurs rassurantes. Hélas ! on n'y trouvait que la honte et le
désespoir. Ce n'est pas sans frémissement que je viens de relire,
pour en rendre compte, ces pages exécrées.

Pour briser nos courages, le rédacteur s'attache, en premier
lieu, à nous démontrer que la lutte était devenue impossible :
nous manquions de soldats. C'était en vain qu'on évoquait les
souvenirs de 1792[2]. Les volontaires de la légende auraient
peut-être fait triste figure, s'ils n'avaient été solidement enca-
drés dans les rangs de l'armée laissée par Louis XVI ; et nous
n'avions plus d'armée[3]. Les généraux nous manquaient également, ils étaient pris avec nos soldats. Ceux qui restaient,
mis en suspicion par les avocats et les journalistes qui aspi-
raient à les remplacer, n'avaient plus sur leurs troupes l'autorité suffisante[4]. Et dans cette pénurie, la passion politique

[1] Dieulevent, *Versailles quartier général Prussien*, Paris, Lachaud, 1872. in-12. p. 92, extrait des délibérations du conseil municipal.
[2] Numéro du 25 nov.
[3] Numéros des 11 et 30 nov.
[4] Numéros des 24 nov., 6, 11, 30 déc. 1870, 2, 3 et 4 janv. 1871.

poussait à refuser l'épée que les princes d'Orléans. dont les guerres d'Afrique avaient prouvé les talents militaires, venaient mettre au service de la France [1].

La résistance de Paris déjoue les calculs des Prussiens. ils se vengent en s'attaquant à la personne du général Trochu, et reproduisent les plaisanteries de certains journaux sur son testament, déposé chez le notaire Ducloux [2]. Ils sont d'ailleurs convaincus d'avance de l'inutilité de ses efforts. La situation, disent-ils, est absolument renversée. Les Parisiens font des barricades dans les rues, pour attendre un ennemi qui n'a pas envie d'aller les y chercher. Mais quand ils voudront sortir, c'est eux qui devront faire le siége des positions où l'assiégeant se fortifie. Les corps prussiens sont disposés de telle sorte que, tandis que l'un soutiendra de front le choc des bataillons sortis de Paris, les autres accourront à droite et à gauche pour prendre en flanc l'agresseur [3].

M. Gambetta n'est aux yeux de M. Bamberg qu'un tribun qui, sous le prétexte de défense nationale, vise au triomphe d'un parti. Il analyse parfois son *Bulletin de la République* [4]. A l'en croire, celui-ci est consacré uniquement à la glorification de la nouvelle forme de gouvernement, relevée par la satire de l'empire déchu [5]. C'est sans succès que le député de Paris essaie d'entraîner la France par des proclamations grosses de phrases emphatiques et d'annonces mensongères de victoires [6]; elle ne se soucie pas de la guerre. Le rédacteur la voit divisée en deux camps : une minorité turbulente et malsaine, plus disposée à tourner ses armes contre les prêtres que contre les Prussiens (témoins ces mobiles de Lyon qui prenaient d'assaut des séminaires et des couvents de carmélites [6]), et plus désireuse de se partager que de défendre le territoire [7], et la grande majorité de la nation, effrayée de ces

---

[1] Numéros du 28 oct. et du 7 nov.
[2] Numéros des 18, 22 nov., 13 et 23 déc.
[3] Numéros des 25 nov. 1870 et 27 janv. 1871.
[4] Numéros des 26 nov. et 9 déc.
[5] Numéros des 15, 19, 23, 24, 25 nov., 5, 11. 16, 23 déc. 1870 et 28 fév. 1871.
[6] Numéros des 27, 29 oct., 9, 29 nov. et 20 déc.
[7] Numéros des 29 oct., 22, 25 nov., 2, 10, 16, 22, 30 déc. 1870. 11 et 15 janv. 1871.

menaces de révolution sociale et demandant la paix à tout
prix. Que lui importait, la Lorraine et l'Alsace [1]? L'absence
de tout idéal moral ou religieux avait à ce point développé
l'égoïsme chez les Français, qu'ils n'avaient depuis longtemps
qu'un désir : vendre cher leurs produits et vivre grassement
dans les jouissances de la matière [2].

Pour soutenir cette thèse le *Moniteur* n'avait pas besoin de
se mettre en frais de rédaction. Des Français, réfugiés à Lon-
dres et à Bruxelles, lui fournissaient chaque matin, dans la
Situation et le *Drapeau*, des articles tout faits qu'il insérait
avec bonheur[3]. Un collaborateur mystérieux, dont nous n'a-
vons pu lever le masque, développait les mêmes arguments
dans des élucubrations anonymes [4], annoncées avec pompe:
« Nous croyons rendre un vrai service au public, en nous
» empressant de publier le travail remarquable que nous rece-
» vons de l'*éminent homme politique français*, qui signe : *un ami*
» *de son pays.* » Quel qu'il soit, on conviendra que cet écrivain
choisissait singulièrement ses correspondants.

Mais, tout en acceptant le secours de ces alliés inattendus,
le journal ne résiste pas au plaisir féroce de tourner en dérision l'empereur prisonnier. Le numéro du 3 décembre
nous montre les Allemands formant un cercle de curieux
autour de Napoléon III et de ses officiers réunis sur la terrasse de Wilhelmshœhe : « Là, les voyez-vous? dit une dame,
n'ont-ils pas tout-à-fait l'air d'écuyers au milieu d'un cirque.»
Et après avoir appliqué le rapprochement à chacun des
personnages présents : « et tenez, voici le père Renz lui-
» même! (Il faut savoir que le père Renz est le chef de la
» principale troupe équestre de l'Allemagne, et que sa figure,
» qui offre une ressemblance frappante avec celle de Louis-
» Napoléon, est connue de chacun). » — « C'est une triste
» vérité, dit la dame, la France a été régentée par des sal-
» timbanques pendant les vingt dernières années! — Et quels

[1] Numéros des 25 nov. et 11 déc.
[2] Numéro du 25 nov.
[3] On peut dire que la prose de ces deux feuilles était la pièce de résistance du journal prussien.
[4] Numéros des 19 et 26 nov.

» sont les hommes qui la gouvernent maintenant? demanda
» quelqu'un. — Des tragédiens, fut-il répondu, des tragé-
» diens de petits théâtres, sans engagements fixes [1]. »
Voilà comment le chevaleresque M. de Bismarck entendait le
respect du vaincu dont il avait eu l'honneur d'être l'hôte, au
temps de sa prospérité, et de l'adversaire qui tentait de défendre l'honneur national avec des armes si inégales.

La France, endormie sur l'oreiller de l'exposition universelle, avait songé d'États-Unis d'Europe. Quel réveil! Pendant que la Prusse met nos provinces à feu et à sang et
entoure d'un cercle de feu la ville qui, en 1867, s'est crue la
capitale du monde entier, les nations, auxquelles nous avons
donné une si magnifique hospitalité, la regardent faire, in-
différentes ou hostiles. Il faut voir avec quel contentement,
le *Moniteur officiel* constate cet abandon, et énumère les dé-
fections qui se succèdent : c'est l'Italie, à qui notre défaite
ouvre enfin le chemin de Rome [2]; c'est la Russie qui profite
de notre impuissance pour détruire dans la Mer Noire l'œuvre de notre sang [3]. En Angleterre, les uns glorifient la
victoire de l'Allemagne protestante sur la France catholique;
les autres, à la vérité, apportent à notre détresse les secours
de la charité chrétienne; personne n'y parle d'appuyer par
les armes une ancienne alliée [4]. Le parti allemand, en Au-
triche, relève la tête, et on nous fait lire des articles de la
presse de Vienne, tout-à-fait au diapason du journal prussien qui en enrichit ses colonnes [5]. De temps en temps, on
nous donne quelques nouvelles ironiques du voyage diplo-
matique de M. Thiers que nous suivons avec anxiété [6].
La nouvelle république trouvera-t-elle du moins une sœur
reconnaissante dans les États-Unis dont la France a été la

[1] Dans le numéro du 4 janvier, le gouvernement du Quatre-Septembre, et
particulièrement la délégation de Tours-Bordeaux sont appelés : « gouvernement du café de Madrid. »
[2] Numéros des 16, 21 oct., 10, 24, 30 déc. 1870, 10 et 11 janv. 1871.
[3] Numéros des 26, 29 nov. 1870, 1 et 8 janv. 1871.
[4] Numéros des 26, 30 nov., 13 et 21 déc.
[5] Numéros des 29 oct., 23, 26 nov., 27 déc. 1870 et 6 janv. 1871.
[6] Numéros des 19, 20 et 27 oct.

marraine ? Mais la république américaine, irritée encore des
difficultés qu'une politique insensée lui a créées, pendant la
guerre de sécession, dominée d'ailleurs par l'élément germanique qui l'envahit de plus en plus, n'a que des félici-
tations pour « ces hommes qui, aimant la paix par dessus
» tout, recueillent dans une guerre défensive, plus de gloire
» militaire que l'imagination la plus hardie n'aurait pu se
» le figurer, et mettent, en trois mois, les espérances que
» l'Allemagne nourrit depuis un millier d'années dans la
» meilleure voie de réalisation [1]. » Mais nous avons pour nous
la république universelle dont Garibaldi nous amène les im-
mortelles phalanges, et l'organe prussien ne tarit point en
railleries sur la mise en scène du solitaire de Caprera [2],
qu'il traite de général d'opéra-comique [3].

Et afin de transporter au roi de Prusse les sympathies catholiques, aliénées par cet appel que le gouvernement de la
défense adressait à l'ennemi mortel de la papauté, on fait venir
de Posen au quartier-général un archevêque, monseigneur
Ledochowski, qui prend sur lui de mettre le Souverain-Pon-
tife aux pieds du chef des luthériens de l'Allemagne. Après
avoir glorifié en ces termes le vainqueur de la France, cette
vieille alliée de la Pologne : « il a plu aux desseins de l'éter-
» nelle Providence d'accorder à Votre Majesté que l'univers
» tout entier ait aujourd'hui à connaître et à admirer la puis-
» sance de votre bras et le poids de votre parole, » ce prélat
conclut par la prière d'intervenir en Italie, « afin que les ca-
» tholiques puissent bénir le bras du souverain qui a délivré
» le Saint-Père, et célébrer le roi magnanime qui a vengé la
» majesté lésée du Pape-Roi abandonné [4]. »

Un autre Polonais va plus loin encore dans la voie de l'adu-
lation. Parmi des flots d'injures, vomis contre un charitable et
saint évêque suisse, monseigneur Mermillod, à qui la lamen-

---

[1] Lettre de M. Bancroft, ministre des Etats-Unis à Berlin, à M. de Bismark; numéro du 21 oct.
[2] Numéros des 25, 26, 31 oct.. 18, 22, 27, 30 nov., 9 déc. 1870, 28 janv. et 19 fév. 1871.
[3] Numéro du 11 nov.
[4] Numéro du 30 nov.

table situation de nos soldats en Allemagne arrache un cri de
douleur, l'aumônier général des armées allemandes, monseigneur Adolphe Namszanowski, pousse l'hyperbole jusqu'à appeler le roi de Prusse le « bienfaiteur des Français ». Il ose
accuser l'évêque, qui se plaint que les secours spirituels sont
refusés aux prisonniers, de « mensonge effronté [1]. » Depuis,
nous avons vu revenir quelques-uns de nos prêtres, emmenés
dans des forteresses prussiennes, qui se sont vu refuser l'autorisation de célébrer la messe et de consoler les derniers
moments de leurs compatriotes, mourant autour d'eux par
centaines [2].

Ainsi, pas une voix ne s'élevait en faveur de la France, à la
compassion de laquelle personne ne s'adressa jamais en vain.
La Prusse avait ses coudées franches. Il fallait voir avec quelle
joie atroce elle torturait la victime qui lui était ainsi livrée en
proie .Ce n'était pas assez de promener sur le corps de la mori-
bonde la torche et le fer, elle lui crachait au visage et insultait
à son agonie. [3] C'est la France, on le sait, qui a porté la civilisation, il y a cent ans à peine, chez les Prussiens encore barbares. Ils ne l'ont pas oublié. Ils savent notre histoire mieux
que nous, et ils prennent plaisir à nous la citer pour notre
humiliation, et à la parodier [4]. Afin que la flétrissure infligée
à ces malheureux officiers, qu'un sentiment patriotique mal
compris, plus encore que la prime de 750 francs, offerte par
M. Gambetta [5], a poussé à violer leur parole, soit plus dou-
loureuse, ils rappellent par des exemples que la France a été
jadis la nation la plus scrupuleuse sur l'honneur [6]. Si depuis
le commencement du siècle, nous avons, tous les quinze ans,
la puérilité de renier une partie de nos gloires [7], eux, ils les
acceptent toutes pour les surpasser par la comparaison. En

---

[1] Numéro du 2 déc.
[2] *Ma captivité en Prusse* par l'abbé Brugalé, curé de Bezons, Paris,
1871. in-8°.
[3] Numéros des 23 oct., 10 et 14 janv.
[4] Numéros des 8, 21 et 23 déc.
[5] Numéro du 1er janv.
[6] Numéro du 5 janv.
[7] Numéro du 3 déc.

rapportant que le roi de Prusse vient, malgré l'état de guerre
contre les Français, de prendre à sa charge le traitement du
ministre de la commune française évangélique de Rome,
« n'est-ce pas plus beau, disent-ils, et bien autrement tou-
» chant que la signature du décret de Moscou par lequel
» Napoléon Iᵉʳ a réorganisé le Théâtre-Français [1] ? »

Cette rivalité serait noble, et la France, revenue à elle, ne
refuserait pas d'entrer avec l'Allemagne en émulation de grandeur et de générosité. Mais l'ennemi n'a pas assez de nous
égaler, il se propose de nous anéantir. Voyez-le promener son
regard satisfait sur nos plaies. Comme il désire qu'elles soient
mortelles ! C'est à nous-mêmes qu'il expose ses vœux fratri-
cides. Il espère que la France, déchirée par les partis, menacée
de la révolution sociale, n'a plus que quelques jours à vivre.
Sa haine est ingénieuse à découvrir dans notre corps malade
des germes meurtriers. Il voit Paris en lutte avec la France,
fatiguée d'être, à tout moment, mise à deux doigts de sa perte
par une poignée d'agitateurs entraînant une populace criminelle [2] ; il voit les provinces du midi en opposition d'opinions
et d'intérêts avec les départements du nord, et après les dis-
cordes civiles, il nous prédit la guerre de sécession [3] . La
perte de l'Algérie va couronner l'œuvre. Le journal insère une
longue adresse du peuple arabe suppliant, qui conjure le roi
de Prusse de le délivrer de la domination d'une nation « sans
» religion et sans foi. [4] » — L'avouerai-je ? malgré tant de
sinistres prophéties et les tristesses de l'occupation, le jour
où ce document parut, un éclair de l'impérissable gaîté française jaillit à travers les nuages amoncelés, et plus d'un Versaillais rôda autour de la préfecture pour voir si quelque fils
du Grand-Turc ne viendrait pas, à la tête d'une députation

---

[1] Numéro du 13 janv.

[2] Numéro du 24 oct. et du 15 nov. La *Commune* a paru se charger de
l'exécution de cette partie du programme prussien.

[3] Numéro du 5 et 10 janvier. Les radicaux ont ébauché la sécession en
créant la *ligue du Midi*. Les Prussiens suivent cette tentative de démem-
brement avec un intérêt sympathique dans les numéros du 3, 7, 8, 13, 16,
19 et 23 novembre.

[4] Numéro du 27 nov.

burlesque, apporter au nouveau protecteur de l'Islam le tur-
ban de *mamamouchi*.

C'en est fait des races latines dont la France avait eu la
royauté. Elles sont près de disparaître de la scène de l'histoire. Le soleil de la grande Allemagne se lève à la place de
l'astre déchu. Déjà sa langue si claire, si harmonieuse, l'emporte sur la langue française dégénérée [1]. Encore quelques
jours, elle va devenir « capable de créer tranquillement une
» grande civilisation au cœur de l'Europe [2]. » En attendant,
elle débute par le bombardement de la ville qui a reçu d'Athè-
nes et de Rome le dépôt sacré des beaux-arts, bombardement
inutile aux opérations militaires, demandé à grands cris par
les lettrés et les femmes du monde germanique, et entrepris
afin que nos bibliothèques, nos musées [3] et nos théâtres ces-
sent d'être le rendez-vous des artistes, des savants, de la
société élégante et polie de l'univers, et que le « sceptre de la
» mode » passe à Berlin [4].

On a remarqué que, dans le cours de cette guerre, la nouvelle
de nos défaites était souvent précédée par la rumeur d'une
éclatante victoire. Ce fait s'est produit avec une persistance
telle qu'on a voulu y voir une tactique du Machiavel prussien qui, connaissant la nature nerveuse du peuple français,
provoquait ainsi une crise d'abattement, d'autant plus acca-
blante que l'espérance avait été plus vivement surexcitée.
L'effet obtenu, il se moquait sans pitié de notre crédulité [5].
Elle était grande à la vérité, et pour s'en faire une idée exacte, il faudrait lire la collection curieuse des rapports de police [6] pendant la durée de l'occupation. Dans nos maisons, nous

[1] Numéro du 3 déc.
[2] Numéro du 21 déc.
[3] Je rappellerai seulement les obus dirigés sur le Jardin-des-Plantes.
[4] Numéro du 1er mars.
[5] Numéros des 2 et 29 nov.
[6] M. Délerot les a dépouillés pour son livre : *Versailles pendant l'occupation*, Versailles, 1872, gr. in-8°.— M. Corajod, commissaire central, après
avoir refusé de laisser porter à ses agents les insignes prussiens que le
préfet voulait leur imposer comme une protection, et de concourir à des perqui-

exercions nous-mêmes, sur toutes les démarches des Allemands, une surveillance minutieuse ; leurs moindres mouvements, les mots qui leur échappent, les impressions de joie ou
de tristesse qui passent sur leurs visages, saisis au vol,
donnent matière aux conjectures. Les escarmouches dont
les extrémités du département sont le théâtre, colportées de
bouche en bouche, se grossissent en chemin et nous arrivent
sous la forme de batailles rangées. Les détachements qui couvrent la ligne de l'Eure sont des armées ; nous nous attendons,
à tout moment, à entendre le canon de la délivrance. On va
jusqu'à dire que le général Trochu cerne le roi de Prusse, qui
ne reste à Versailles que parce que le chemin de l'Allemagne
lui est fermé. Nous sommes revenus à ces sombres jours du
moyen-âge où la naïveté populaire accueillait les contes les
plus fantastiques. On ne mène plus la vie moderne : à six
heures, les magasins sont fermés et on ne s'aventure qu'en
tremblant dans les rues presque sans lumière. Ce n'est que de
temps à autre qu'une lettre, datée de plusieurs semaines, ou
un vieux journal perce le blocus. On s'empare alors des indications qu'il contient, et on forge sur cette base fragile les
combinaisons stratégiques les plus extravagantes. Si quelque
sceptique se hasarde à exprimer un léger doute, il est regardé de travers, et on n'est pas éloigné d'insinuer qu'il est
vendu aux Prussiens. Nous voulons espérer contre toute espérance.

Cependant tout n'était pas mensonge dans ces échos qui
venaient frapper les murailles de notre prison. Les Prussiens
eux-mêmes se virent forcés de reconnaître que les Parisiens,
dans les sorties, avaient une plus fière contenance, et que le
parti de l'honneur et de l'ordre l'avait emporté, dans la capitale, sur les fauteurs de la révolte. La province donnait au
monde un sublime spectacle. Sans examiner si les titres du
dictateur, qui leur est arrivé de Paris en ballon, sont réguliers,
les hommes de tous les partis se lèvent et courent se faire
tuer, à la voix du premier venu qui leur parle de défendre la

sitions et arrestations contraires aux lois françaises, continua, à ses risques et
périls, son service journalier.

patrie. L'entrée en ligne de ces soldats, plus généreux que solides, est de bon augure. Ils forcent le général Von der Thann à évacuer Orléans. Le 10 novembre, les cantons de Méréville et de Dourdan assistaient à la retraite de ses troupes battues et découragées. On lui envoie aussitôt du renfort. La 17e division est détachée du 13e corps qui avait opéré contre les forteresses, situées entre Paris et Metz, et dirigée sur Dourdan et Rambouillet, avec la 5e division de cavalerie (Rheinbaden). Le grand-duc de Mecklembourg va prendre le commandement de cette armée et se laisse attirer vers l'ouest par une manœuvre habile du général d'Aurelle de Paladines qui, concentrant à la hâte les bataillons qu'on lui envoie de tous les points de la France, s'apprête à les lancer, à l'est, le long de la Seine, pour donner la main à Paris.

Mais on avait compté sans la reddition de Metz. Quand la nouvelle de cet événement se répandit, on ne voulut pas y croire. On avait bien vu, à Versailles, le général Boyer, qui venait traiter de la capitulation ; mais on était si loin de s'y attendre qu'on l'avait acclamé avec enthousiasme. Un intrigant, Régnier, dont M. de Bismarck exploita, au profit de sa politique, l'esprit d'aventure, l'avait précédé de quelques jours. Il avait demandé à être introduit au cercle, sans y réussir. Un voyageur, se promenant à Versailles en ce moment, avait été tenu, à bon droit, suspect. Depuis, il a donné lui-même au public des détails sur sa mission. Il paraissait impossible qu'on recommençât Sedan. Le tableau de cent soixante-dix mille soldats français, héros de Crimée, d'Italie, de Chine, du Mexique, mettant une seconde fois bas les armes et passant sous les fourches caudines de la Prusse, était un cauchemar qu'un réveil de gloire allait dissiper. Pourtant, quand on reçut des lettres de Metz, il fallut bien se rendre à l'évidence. Le coup fut doublement douloureux à Versailles. Il semblait qu'il atteignît dans son honneur la ville qui avait donné le jour au général en chef de l'armée de Metz. Sans le condamner encore, on était disposé au soupçon par l'empressement que les Prussiens apportaient à justifier sa conduite [1]. Et puis, parmi les preuves accumu-

[1] Numéros des 9, 10, 11, 12, 14, 19, 23, 25 nov. 17, 27, 28, 29, 30 et 31 déc.

lées en sa faveur, il échappait au *Moniteur officiel* des aveux compromettants. Il parla un jour de « propositions politico-mi-»litaires »[1] faites à l'ennemi par le maréchal, et nous restâmes sur cette impression que M. Bazaine avait négocié pour la restauration d'un gouvernement dans lequel il espérait la première place, quand la patrie mourante le conjurait de se battre pour la sauver.

Le 15 novembre, tous les chemins qui, partant de Corbeil et de Melun, traversent le midi du département, étaient encore une fois inondés d'hommes, de chevaux et de canons, gagnant Orléans à marches forcées. C'étaient les 3e, 9e et 10e corps prussiens que le prince Frédéric-Charles amenait de Metz, avec la 1e division de cavalerie. On lui dépêcha en outre du Mesnil-Saint-Denis la division du duc Guillaume de Mecklembourg (6e). Quand le général d'Aurelle de Paladines, combinant son mouvement avec le général Ducrot qui se préparait à passer la Marne, voulut reprendre l'offensive, ses troupes, à peine exercées et déjà fatiguées, vinrent se heurter contre une masse de soixante-treize bataillons et soixante-douze escadrons frais, aguerris et soutenus par deux cent soixante-dix pièces d'artillerie, qui, après les avoir rejetées en arrière, s'ébranla à leur poursuite. Paris ne devait plus compter sur le secours de la France.

[1] Numéro du 21 novembre.

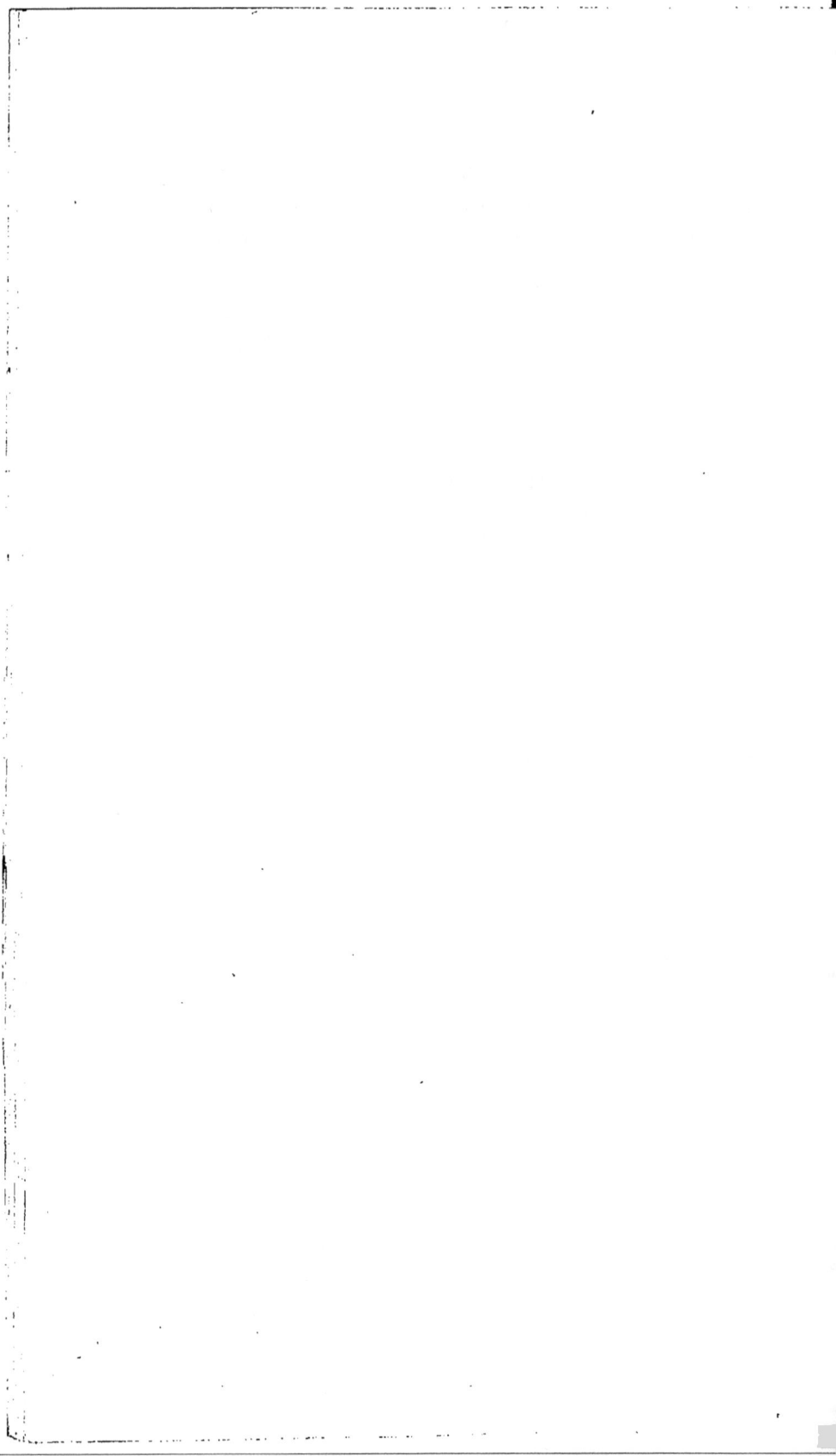

VII

Autour de Paris.

Je n'ai pas à faire l'histoire du siége de Paris. C'est aux hommes de guerre français et prussiens, qu'il appartient de raconter ces gigantesques opérations d'attaque et de défense. De nombreux écrivains ont déjà décrit les souffrances de la capitale pendant cet hiver sanglant. Mais qui dira celles des habitants des villes et villages compris dans le cercle d'investissement? Ils voient l'ennemi ouvrir dans les parcs, avec la hache, des allées nouvelles, pour livrer passage aux obus [1], détruire par le feu les habitations qui les gènent [2], percer de meurtrières et garnir de créneaux les maisons de plaisance, décapiter les clochers pour y établir des observatoires, creuser des tranchées à travers les jardins, couper par le milieu les arbres fruitiers pour hérisser les abords des épaulements qu'il élève, dresser des embuscades le long des bords de la Seine et de la Marne, braquer des canons sur les collines d'où le promeneur aimait à contempler ces charmantes vallées [3]. Tout ce qui a été un instrument d'utilité ou d'agrément devient un engin de guerre, et cet aimable pays de villégiature, égayé naguère par les rires et par les chansons, est changé en une immense forteresse qui vomit incessamment la mitraille, et contre qui? contre les parents

---

[1] Les Wurtembergeois tentèrent d'incendier le bois de Brévannes.

[2] A Rueil seulement, ils brûlent ainsi vingt-deux maisons.

[3] A Sevran, les Prussiens détournent le canal de l'Ourcq, au moyen de deux barrages établis au lieu dit *la gare du canal*, et faisant couler l'eau sous la passerelle du chemin de fer (ligne de Soissons), inondent la plaine jusqu'à Saint-Denis.

et amis de ceux qui sont là, témoins de tous ces prépara-
tifs meurtriers.

Et s'ils pouvaient encore les avertir des embûches qui les
attendent, lorsqu'ils chercheront à briser la chaîne qui les
retient prisonniers [2]! Mais l'ennemi exerce sur eux une
surveillance qui n'a pas de trêve [5]. Les généraux publient
tout d'abord un avis menaçant de mort quiconque s'aventu-
rera dans les bois, ou en dehors des chemins, ou sur les points
qui dominent Paris. Il faut, pour aller travailler aux champs,
un laissez-passer. Les factionnaires ont ordre de tirer sur
ceux qui sortiront de leurs maisons après la chute du jour.
Un homme est tué, pour avoir monté sur la hauteur de Sannois ; M. Huot, vicaire de Houilles, est emmené à Coblentz,
pour avoir regardé par une lucarne du clocher. — Quand les
habitants d'Aulnay-lez-Bondy font mine de s'approcher du
château, ils sont couchés en joue. Pour être certains que
personne n'en ouvre les portes et les fenêtres, les Prussiens
les scellent avec des bandes de papiers marquées d'un cachet. Les mêmes précautions sont prises à la tour de l'é-
glise. — Il est interdit de sonner les cloches. Le bedeau
de Ville-d'Avray, qui a tinté la messe, aurait été fusillé,
si les supplications du maire et du curé n'avaient désarmé
ses juges. A Montesson, des uhlans descendent les cloches.
A Verrières-le-Buisson, l'ennemi se défie de l'horloge et la
détraque. — Dans ce dernier village, il exige que les rues
soient éclairées par des lanternes. Ailleurs, il ne veut pas

---

[2] L'ennemi ne trahissait aucun de ses mouvements par le bruit du tambour
ou de la trompette. Pendant toute la durée du siége on n'entendit pas plus
de quatre fois le signal d'alarme.

[5] M. Ackler, membre de la commission administrative d'Argenteuil, fut
arrêté, le 4 octobre, pour avoir passé la Seine à la nage et porté des renseignements au baron Saillard, commandant d'un bataillon de mobiles, campé
dans la plaine de Gennevilliers. Interné dans la citadelle de Neiss, il essaya de s'évader et eut les pieds gelés. On dut l'amputer aux deux jambes.
— Plus heureux que lui, M. Droux, médecin des pauvres à Meudon,
demeuré après l'expulsion des habitants pour soigner un blessé, put, à
diverses reprises, sans être découvert, porter aux Français des avis, en
rampant à travers les lignes ennemies. Il entra même à Paris, peu avant
la bataille de Buzenval. Pendant tout le siége, il alla, assisté de M. Valet,
vicaire de Meudon, panser sous les balles les blessés des avant-postes.

voir de lumière. Le curé de Croissy est conduit à Kœnigsberg, pour avoir allumé une bougie. Saint-Prix est condamné
à l'amende, parce qu'on a trouvé au pied de la tour, des
amas de lampions, restes des illuminations passées. Un
commandant prétendait qu'on s'en était servi pour faire des
signaux. L'enquête établit qu'il avait été trompé par le reflet
de la lumière électrique de Paris. — Les Prussiens croient à
l'existence d'un télégraphe souterrain et font des fouilles actives
pour le découvrir. Ils veulent mettre à mort M. Jullien, instituteur de Chilly-Mazarin, qu'ils soupçonnent de correspondre
ainsi avec la ville assiégée. A Sèvres, ils sondent minutieuse-
ment l'égout. Un traître leur signale, le 27 septembre, à l'écluse
de Bougival, un fil télégraphique immergé dans la Seine. Ils
le coupent immédiatement. Ce misérable est entre les mains
de la justice. — A Bezons, M. Villette, pensant préserver sa
maison des obus du Mont-Valérien, arbore sur le toit un
drapeau blanc. Il est fusillé, et M. Brugalé, curé, avec trois
autres personnes, est interné en Allemagne.

Les Prussiens obligent les habitants à se munir de permis
de séjour. Dans un grand nombre de villages, ils font, tous
les matins, l'appel. Les autorités doivent leur répondre, sur
leur tête, de tous les nouveaux venus. A chaque alerte, ils
s'assurent des personnes notables et les gardent à vue, ou
bien ils les conduisent hors des villages. Le curé d'Aulnay-
lez-Bondy est ainsi traîné jusqu'à Chantilly.

Bientôt ces précautions ne leur suffisent plus, et ils ex-
pulsent en masse toute la population. Saint-Cloud reçoit cet
ordre, dès le 5 octobre. Ils donnent au plus vingt-quatre heures
pour se préparer au départ ; à Garches, le délai n'est que de deux
heures. Ces malheureux défilent tristement, un petit paquet à
la main, entre deux rangées de soldats, sans savoir où on les
mène et comment ils pourront vivre. Athis-Mons voit passer
ainsi les habitants de Thiais et Chevilly (Seine); ceux de
Chennevières sont internés à Pontault (Seine-et-Marne); ceux
de Gournay, à Torcy (Seine-et-Marne). Versailles donne l'hospitalité à la population de Bougival, Garches, Meudon, Saint-
Cloud. L'hospice de Gonesse sert de refuge à des prêtres,

chassés de leur domicile avec leurs paroissiens. Défense est
faite aux exilés de chercher à rentrer dans leurs foyers. Le
curé de Garges ne peut revoir son église qu'à de rares in-
tervalles et en compagnie de l'aumônier allemand qui s'y
rend pour dire la messe.

Certains maires résistent à l'ordre de quitter leur commune.
Celui d'Aulnay-lez-Bondy [1] parvient à fléchir le général
prussien, le 21 novembre. A Sèvres, le 5 octobre, les projectiles de Paris obligent les habitants à quitter le quartier du
pont; quelques-uns ne peuvent se décider à partir et demeurent cachés dans leurs caves, où M. Journault, maire,
leur porte secours. Il arrive jusqu'à eux, en rampant à travers les jardins, pour déjouer la vigilance des sentinelles
prussiennes, et en escaladant les murs sous les balles des
avant-postes français. Le 12, avis est donné d'évacuer, le lendemain avant midi, le centre de la ville jusqu'à la rue de
Ville-d'Avray. On se réfugie alors dans le quartier de Gallar-
don. Bientôt, prétextant l'intérêt de la population, exposée
aux bombes du Mont-Valérien, le commandant prussien
prend une mesure générale d'expulsion. Le maire, sentant
que la ville est perdue, si on la laisse à la discrétion de l'ennemi, refuse de s'y soumettre et sa résistance finit par le
faire révoquer. Il entreprend alors une lutte de tous les
instants pour conserver à leurs propriétaires les maisons
abandonnées et les meubles qu'elles contiennent. C'est pied à
pied et avec acharnement qu'il dispute le terrain. Il organise
avec quelques hommes courageux un sauvetage régulier, et
concentre dans les établissements des sœurs de Saint-Domi-
nique et de Saint-Jean, convertis en ambulances, les objets
arrachés à la destruction. Certains majors se prêtent volontiers à ce déménagement; mais les avant-postes sont changés
tous les quatre jours, et plus d'un chef le regarde de mauvais œil. Rien ne décourage M. Journault. Si la ville de Sèvres
est debout aujourd'hui, elle le doit au dévouement de son
maire.

[1] M. le comte de Gourgue.

Cependant la population est torturée par un bourreau plus implacable encore : la faim. J'ai dit que les approvisionnements avaient été détruits à trois lieues à la ronde de Paris, huit jours avant l'arrivée des Prussiens [1]. Dans les environs de Versailles, on parvient, non sans peine, à trouver quelques vivres. Mais ailleurs il ne reste absolument rien. On est réduit à tendre la main à l'ennemi. A Villeneuve-Saint-Georges, le curé, le médecin et les sœurs, demeurés dans une ambulance qui a recueilli quelques blessés français, ne subsistent que par son secours. Il nourrit les habitants de Noiseau. A Boissy-Saint-Léger, il accorde le pain nécessaire à cent-vingt-sept hommes pendant un mois. Ormesson obtient de certains corps des vivres que d'autres lui refusent ; il n'a alors d'autre ressource que d'aller gratter les champs de pommes de terre déjà épuisés. Yerres vit, pendant six semaines, sur une vache' laissée pour morte par des troupes de passage. A Sarcelles, pour avoir les têtes de moutons et les détritus des bestiaux abattus, les trente malheureux, qui représentent une population de dix-huit cents âmes, doivent balayer les rues, les cours, et ramasser avec soin les éclats des vitres brisées qui pourraient blesser les pieds des chevaux. A Villiers-le-Bel, un commandant d'artillerie veut que les habitants méritent, en travaillant aux chemins, la nourriture qu'il leur distribue. Il transforme le village en couvent de trappistes. Chaque jour, il assigne à chacun sa tâche et des soldats, l'arme au bras, veillent à son accomplissement rigoureux. Les heures pendant lesquelles on peut circuler sont fixées. Le reste du temps, personne n'a permission de se montrer hors de sa maison. — Il faut signaler dans ce village un monstrueux abus de la force. Trois cent trente réquisitionnaires des départements voisins [2] y sont contraints, pendant un mois, à voiturer de la terre, des pierres, des madriers pour bâtir des redoutes. Je ne sache pas que, sur aucun autre point, l'armée assiégeante ait obligé des Français à prendre une part active à ses opérations militaires. A Igny, les habi-

---

[1] Excepté à Aulnay-lez-Bondy.
[2] Ils étaient logés à Ezanville.

tants furent requis avec leurs pelles et leurs pioches, et crurent un moment qu'on allait les faire travailler aux terrassements ; on leur demanda seulement d'enterrer les morts.

Mais ce n'est pas assez d'être à la merci de l'ennemi et en proie à la faim. Cette vie, à grand'peine soutenue et traînée dans d'amers dégoûts, est, à tout moment, menacée par les obus parisiens dont on entend le sifflement, suivi d'une explosion terrible. Nuit et jour, un ouragan de fer et de feu est déchaîné sur la contrée. A Saint Cloud, le 13 octobre, le feu prend au palais. Les Allemands ont prétendu, et cette assertion a été généralement admise en Europe, que leurs troupes avaient fait de vains efforts pour arrêter cet incendie, qui aurait été allumé par les obus du Mont-Valerien, et essayé, au péril de leur vie, d'arracher à ses ravages, pour nous les conserver, des tableaux, des livres et des meubles précieux. Les quelques habitants, demeurés jusqu'au 30 octobre dans la ville, affirment au contraire que les soldats ont mis le château à sac et activé eux-mêmes les flammes, au lieu de les éteindre. La mutilation des statues du parc enlève toute vraisemblance à ce culte et à ce dévouement pour l'art dont des journaux stipendiés leur ont fait honneur. Le pillage est constant. J'ai sous les yeux, en écrivant, un magnifique volume, aux armes de la reine Marie Leczinska, sur la première page duquel une main allemande, après l'avoir mutilé, a écrit : « Souvenir de Saint-Cloud, 13 octobre. » Le voleur l'a oublié dans un logement, à Corbeil, avec un autre livre marqué de l'écusson impérial.

A La Celle, deux cents bombes s'abattent, un jour, sur le village. L'une d'elles va chercher dans une cour, au milieu d'un troupeau, un seul mouton qu'elle soulève et aplatit contre la muraille. Une autre éclate dans la bibliothèque du château où travaillait un secrétaire. Les livres, les meubles, les lambris sont réduits en miettes et ensevelissent sous leurs débris le Prussien renversé, qui n'a pas une égratignure. Argenteuil, le 20 novembre, paie, à cinq heures du soir, 2.000 fr., pour échapper à un bombardement dont l'ennemi menace la ville, rendue responsable de la rupture d'un fil télégraphique.

A cinq heures et demie, les batteries françaises de Colombes, Gennevilliers et Charlebourg ouvrent sur elle un feu épouvantable, qui dure toute la nuit et recommence le lendemain soir. Partout la canonnade effondre les édifices et les maisons [1] et atteint des habitants inoffensifs qui, à la vérité, s'exposent aux projectiles, avec une témérité que les Prussiens se gardent bien d'imiter. A Sèvres, tandis que les femmes vaquent au ménage dans les maisons, et que les hommes, dans les rues, combattent l'incendie, les soldats se tapissent dans les souterrains. Il est à peine besoin de remarquer qu'ils ont bu ou fait couler sur le sol tout le vin que contenaient ces caves célèbres.

Aussi n'a-t-on pas même la consolation de voir les bombes, qui s'attaquent aux biens et à l'existence des Français, faire des ravages dans les rangs de l'ennemi. Je dis la consolation, car la guerre nous a rendus presque féroces. La pitié ne tempère plus la satisfaction avec laquelle nous accueillons les bruits exagérés de ses pertes. Nous allons faire haie sur le passage des cercueils qu'on porte au cimetière, et nous nous repaissons de l'harmonie lugubre des marches funèbres qu'accompagne au loin le grondement du canon. Nous gémissons de la santé qui s'épanouit sur ces larges faces allemandes; et c'est avec une véritable déception que nous constatons, sur le registre des sépultures, le chiffre peu élevé des cadavres enterrés. Les sorties éprouvent cruellement les assiégeants, mais le tir des forts les gêne, sans leur causer de dommages sérieux. Le 21 décembre, Sèvres reçoit cinq cents bombes qui éventrent plus de vingt maisons, atteignent les deux ambulances et frappent mortellement une femme [2]. Quant aux Prussiens, ils ont six hommes légèrement blessés. Le maire croit devoir en informer le gouverneur de Paris, afin qu'il juge si le résultat compense le désastre. Il ajoute aussitôt, avec une courageuse résignation : « si la des-

---

[1] Je n'entends pas blâmer ces destructions qui sont la triste, mais nécessaire conséquence de la guerre soutenue sur le sol national, ni atténuer en rien le mérite de la défense de Paris.

[2] La dernière bombe tombée sur Sèvres, le 21 janvier, tua un enfant.

» truction de Sèvres vous paraît cependant nécessaire, les au-
» torités et les habitants sont prêts à tous les sacrifices. »

Ce sentiment est celui de la population toute entière. Le jour
de la sortie de La Jonchère, quand le canon français, se rap-
prochant, semblait toucher aux portes de Versailles, les femmes, rassemblées devant les maisons, exprimaient tout haut
leur colère et leur espoir. Les hommes assistaient, menaçants,
aux mouvements de l'ennemi qui massait ses réserves sur la
place d'Armes. Le commandant prussien fit mettre, pour les
intimider, six canons en batterie. Je ne nierai pas que plus
d'un poltron n'eût déjà été chercher un abri au fond de sa
cave. Mais je suis sûr que le premier obus français éclatant
dans nos rues, eût été salué par des cris d'enthousiasme.
Je ne veux point d'autre garant de cette assertion que M. de
Bismarck. Le soir même, il manda le maire pour lui témoi-
gner son mécontentement de l'attitude des Versaillais « qui,
» dit-il, groupés sur les places et avenues, semblaient
» attendre les événements pour y prendre part. » Ce sont ses
propres paroles. Le lendemain, une affiche nous avertissait
que les troupes, en pareille circonstance, avaient ordre de
faire feu sur quiconque sortirait de sa maison, quand on
aurait sonné l'alarme.

Les Prussiens se hâtent d'effacer la honte de leur échec
par une impression de terreur. Comme personne n'a donné
prétexte à des représailles, ils ont recours au mensonge
pour provoquer le crime. A Bougival, deux soldats se sont
sentis atteints par des projectiles qui les ont contusionnés,
sans qu'on ait entendu de détonation : c'étaient des balles
de chassepot. Les officiers s'emparent de ce fait et accusent
les habitants d'avoir tiré sur le 40ᵉ régiment d'infanterie avec
des *arquebuses à vent*. Le village est frappé de 50,000 fr. d'a-
mende ; la maison d'où l'on imagine que le coup est parti, incendiée ; dix-huit habitants sont traduits devant un conseil de
guerre, qui en envoie deux en Allemagne: MM. Duborgia et An-
theaume, et en fait passer par les armes deux autres, MM. Mar-
tin et Cardon, contre-maîtres de fabrique ; et toute la population est expulsée, après avoir été contrainte d'assister au sup-

plice de ces deux victimes absolument innocentes [1]. Cette exécution n'avait d'autre but que de nous faire peur à Versailles. Elle excita la verve du docteur Lévisone qui, cette fois, dissimula sous des *vergiss-mein-nicht*, le fumet d'abattoir dont était relevé le morceau écrit sur le massacre d'Ablis. « Un » bien triste événement, dit-il avec mélancolie, vient d'avoir » lieu à Bougival, ce village autrefois si gai et si riant..... » et il termine par ce trait : « et c'est ainsi quelque ques fana- » tiques ont pu mettre en deuil toute une commune [2]. » Vraiment, Tartufe n'est qu'un innocent auprès de ce suppôt de la politique prussienne.

Le 30 novembre, le canton de Boissy-Saint-Léger eut aussi l'espoir, hélas! trompé, de la délivrance. Lors de l'attaque de Mont-Mesly, à l'aile droite de l'armée française, la ferme de La Tour [3], la plaine basse de Brévannes, le marais de Sucy, furent le théâtre de combats glorieux pour nos armes. La bataille s'étendit, au centre, sur le territoire de Chennevières, et à l'aile gauche, jusqu'à Villiers-sur-Marne [4]. Les rares habitants demeurés dans ces communes furent transportés de joie, en voyant de loin les uniformes français. Mais, le 1er décembre, pendant l'armistice conclu pour l'enterrement des morts, ils entendirent, en arrière des lignes ennemies, le bruit de grands mouvements qui leur donnèrent de cruelles appréhensions pour le lendemain. Les Saxons, passant la Marne, au nord, et le corps du général Fransecky (2e), venant de Palaiseau, à l'ouest, s'apprêtaient à prendre la place des Wurtembergois décimés. Pourtant, malgré ces renforts, nos troupes demeurent maîtresses de leurs positions. Mais elles attendent vainement, jusqu'au 3 décembre, l'arrivée de l'armée de la Loire, écrasée le 29 novembre, à Beaune-la-Rolande,

[1] L'ennemi avait également requis la présence du maire, de l'instituteur et du garde champêtre de l'Etang-la-Ville, à l'exécution de Fourdrignier, fusillé pour avoir tiré sur les Allemands. M. Ancelin, à Chatou, fut mis à mort, comme Fourdrignier, pour rébellion contre l'ennemi.

[2] *Nouvelliste*, numéro du 25 oct.

[3] Commune de Valenton.

[4] *Occupation et bataille de Villiers-sur-Marne et du Plessis-Lalande*, par le docteur Louis Fleury. Ce livre, écrit avec esprit et modération, a un cachet de sincérité qui lui donne un grand intérêt.

et le 2 décembre, à Loigny ; et on les voit avec désespoir se replier sur Paris. L'ennemi n'osa pas inquiéter leur retraite.

Les cantons au nord et à l'est de Paris, ne furent témoins que d'escarmouches d'avant-postes et de duels d'artillerie. Le 21 décembre, à la seconde affaire du Bourget, un officier de francs-tireurs et quelques soldats français vinrent se faire tuer à la ferme de Monnerville [1]. Deux fois, les habitants de Gournay-sur-Marne eurent le bonheur de voir les canons de Ville-Evrart démonter les batteries prussiennes, établies dans les fossés du parc de Château-Rouge. A l'ouest, le 20 décembre, une compagnie de francs-tireurs passe sur le pont du chemin de fer, incomplètement détruit, en face de Chatou, et occupe quelque temps une île de la Seine.

Sept jours après, commençait le bombardement de **Paris**, dernier acte de cette tragédie formidable. Il avait été l'objet d'annonces réitérées et semblables à celles qui précèdent l'ouverture d'un spectacle nouveau. Le roi de Prusse ne comptait pas avancer par là d'une heure la chute de Paris ; il se proposait seulement d'étonner l'univers par une montre titanique de force brutale. D'ailleurs cette mise en scène avait été préparée de longue main ; on ne voulait pas en perdre les frais. Il y avait un peu loin de Paris aux frontières, pour amener en train de plaisir les familles allemandes, comme devant Strasbourg en flammes. Les députés du *reischtag* s'étaient chargés de représenter cette généreuse nation. Ils attendaient, munis de longues-vues, sur la terrasse de Saint-Germain, le lever du rideau. Le général-major Hindersin, inspecteur de l'artillerie, avait mis en batterie cinq cents canons du plus gros calibre, approvisionnés chacun de cinq cents coups. Une réserve de plus de cinq cents autres pièces, réunies à Velizy et à Villiers-le-Bel, était prête à remplacer celles qui seraient mises hors d'état. Le feu s'ouvrit, le 27, au matin. A partir de ce moment, ce fut jour et nuit un roulement presque ininterrompu de tonnerre.

Chacun de ces coups nous allait au cœur. L'ennemi se

[1] Commune d'Aulnay-lez-Bondy.

faisait un cruel plaisir de nous torturer par des descriptions terribles de l'effet de ces obus. Nous le jugions trop intéressé à nous effrayer pour le croire entièrement. Cependant quand nous apprimes, à n'en pouvoir douter, que le Panthéon et le Luxembourg avaient été atteints, nos angoisses n'eurent plus de trêve. Qu'allait-il rester de Paris, cette merveille du monde moderne? Retrouverions-nous vivants nos parents et nos amis, enfermés dans la forteresse? Comment la garde nationale soutiendrait-elle l'assaut qui allait sans doute se donner? Et aussitôt nous nous reprenions à espérer. Peut-être, disions-nous, les murailles de Paris seront-elles le tombeau de l'agresseur? Mais le Prussien ne se piquait pas d'imiter les chevaleresques combats de Sébastopol. Il lui suffisait de brûler des maisons et d'assassiner, sans danger pour lui, des femmes et des enfants. Et il raillait agréablement la sensibilité du *Journal des Débats*, qui ne pouvait rapporter sans émotion la mort de ces innocentes victimes. Alors, puisque l'ennemi n'avait pas le courage de les attaquer, ce seraient les nôtres qui viendraient le chercher derrière ses retranchements et qui trouveraient le salut dans un coup de désespoir? Et nous attendions la grande sortie.

Le 19 janvier, les mouvements des troupes allemandes et le crépitement de la mousqueterie se mêlant à la voix du canon, nous avertissaient qu'une bataille était engagée non loin de nous. Le général Trochu sortait avec cent mille hommes, marchant sur Montretout, Garches et Vaucresson. Suivant la tactique, par eux-mêmes indiquée, les Prussiens arrêtèrent l'effort de nos soldats avec le 5ᵉ corps, pendant que la division de la landwehr de la garde et le 2ᵉ corps bavarois opéraient un mouvement convergent, à gauche et à droite, et que l'artillerie du 4ᵉ corps couvrait de projectiles, sans l'arrêter cependant, l'aile droite de l'armée française. L'ennemi passa la nuit, l'arme au pied, dans les avenues de Versailles. La landwehr de la garde envahit de force les maisons du boulevard de la Reine et les dévasta. Le lendemain, les troupes parisiennes se retiraient, laissant à Saint-Cloud un détachement qui fut pris. Tout espoir de délivrance par les armes était perdu.

Nous ne nous étions pas arrêtés aux inventions de l'en-

nemi lorsque, dès le mois d'octobre [1], pour détourner la
province de porter secours à la capitale, il disait que celle-
ci sentait déjà les atteintes de la famine; mais il publiait,
depuis quelque temps, des détails tellement circonstanciés
sur l'état des approvisionnements que nous ne pouvions plus
conserver aucune illusion. La chute de Paris était imminente.
La semaine qui s'écoula du 19 au 27 janvier fut la plus lugubre de toutes. L'ennemi n'avait pas manqué de nous exa-
gérer l'insurrection du 22. Nous nous figurions nos malheureux concitoyens, torturés par la faim et le froid, déchirés par
la guerre civile, tandis que les obus prussiens faisaient pleu-
voir sur eux la mort et l'incendie. En même temps, nous
apprenions la défaite de Saint-Quentin et la déroute de l'armée de l'est. Nous en étions arrivés à ce point d'abattement,
que la nouvelle de la capitulation [2] nous laissa presque
insensibles. Nous étions maintenant résignés à tout.

Une lueur pourtant descendit dans cet abîme. L'article 2
de la convention, conclue entre M. Jules Favre et M. de Bismarck, rendait la France à elle-même. Nous nous sentions
soulagés de ne plus entendre l'ennemi plaider la cause de
nos droits politiques [3] contre un despotisme que le *Moniteur
officiel*, empruntant l'expression de M. Lanfrey, appelait la
« dictature de l'incapacité [4]. » Plus honnête ou plus habile
que l'Europe de 1815, la Prusse ne nous imposait aucune
forme de gouvernement. Les élections se firent dans le plus
grand calme, sous la direction intelligente et impartiale du
maire de Versailles, chargé, pour la circonstance, des fonc-

---

[1] *Nouvelliste*, numéros du 19, 26 28 et oct.
[2] Le bruit de cet événement se répandit dans la ville de Versailles dans
la matinée du 26. La veille, le comte de Bismarck, passant la soirée chez
M. de Langdorff, fut interrogé par des officiers sur la cause des allées et
venues de M. Jules Favre. Le diplomate ne pouvait répondre. Mais quelques
instants après, étant seul debout devant la cheminée, le dos au feu, il se mit
à sifflotter l'air de chasse du *cerf aux abois*. L'assistance comprit et colporta
aussitôt la nouvelle (*Rapport de police du 25 au 26 janvier*).
[3] *Nouvelliste et Moniteur officiel* du 20, 29, 31 oct., 13, 16, 19, 27 nov.,
1, 14, 15, 20, 31 déc. 1870, 1, 8 et 11 janv. 1871.
[4] Numéro du 26 janvier.

tions de préfet. Les noms du grand patriote qui avait tenté
d'attirer à la France les sympathies de l'Europe et de négocier à temps un armistice, de M. Jules Favre, qui avait sacrifié
sa popularité au salut de Paris, et de M. Gambetta, coryphée de
la guerre à outrance, auquel les outrages prussiens avaient
fait un piédestal, sortirent ensemble de l'urne, témoignant
des idées contradictoires qui se combattaient dans les têtes,
troublées par tant de catastrophes.

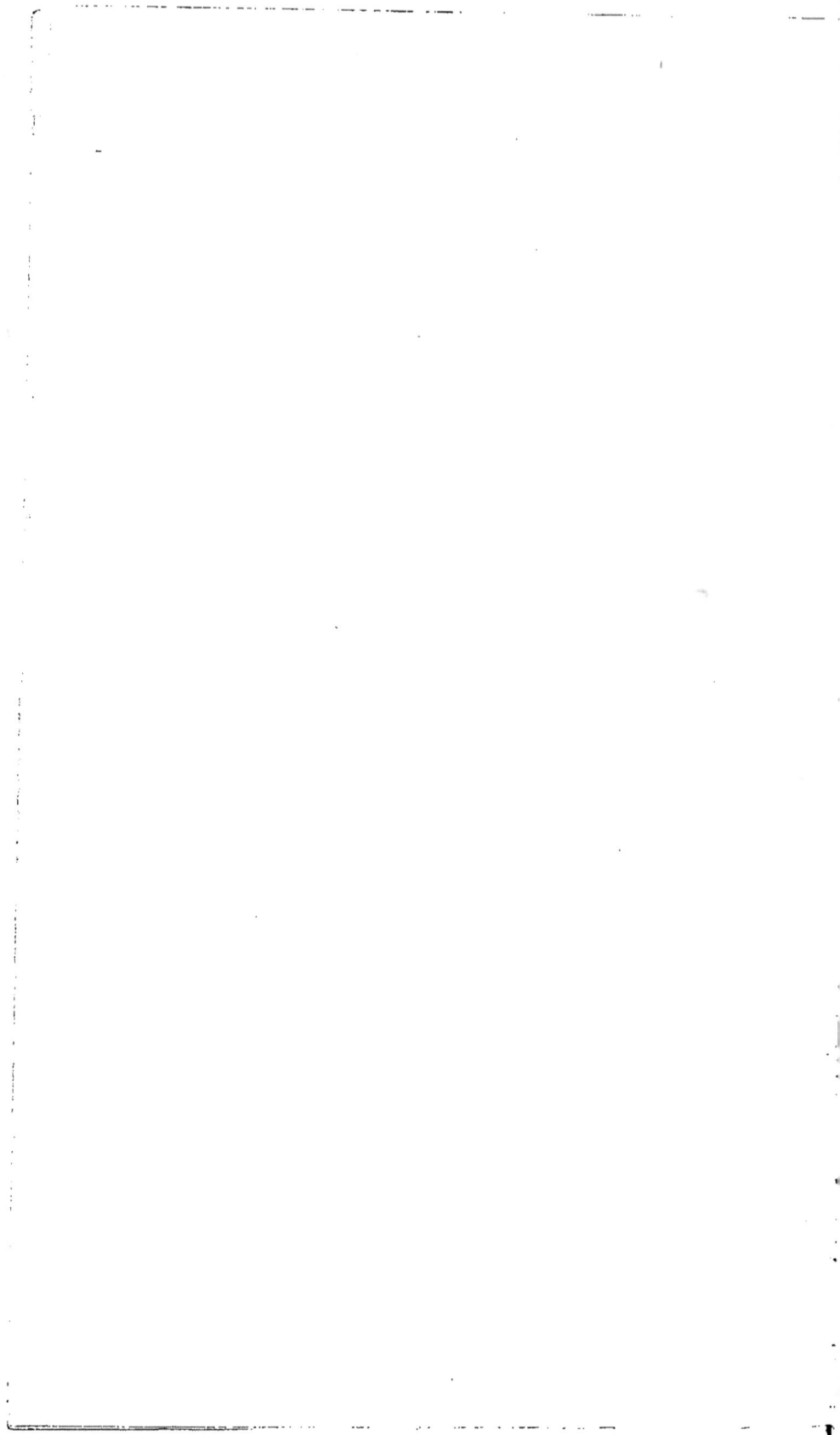

VIII

L'armistice.

Dès que les environs de Paris commencèrent à se repeupler, le préfet prussien s'empressa de faire participer les nouveaux venus aux douceurs de son administration. C'est à peine si les soldats leur permettaient de reprendre possession de leurs maisons dévastées. Beaucoup durent demander asile à des amis. Les plus heureux obtenaient la grâce de se réfugier au grenier. Dans ces conditions, cet administrateur philanthrope leur réclama l'arriéré des contributions depuis le 1er octobre. Rueil même qui, protégé par le Mont-Valérien, n'avait jamais été occupé par les Allemands, dut payer comme les autres[1].

On discutait les préliminaires de paix. Pour baser la demande d'indemnité présentée à la France, le *Moniteur officiel* faisait le calcul des dépenses auxquelles l'Allemagne avait été entraînée pour soutenir la guerre. Il y ajoutait l'énumération des contributions et réquisitions dont elle avait été victime, de 1792 à 1815[2]. Par une note, insérée le 24 octobre, nous étions avertis que l'administration avait ordonné d'en faire le relevé dans les archives allemandes. Le compte de la Prusse seule, publié le 26 octobre, s'élevait à six milliards. Et de peur que la curée projetée ne soulevât l'indignation

---

[1] L'octroi du boulevard de Saint-Cloud et la maison Crochard, à Rueil, servirent pendant tout le siége de poste avancé à des francs-tireurs et à des gardes-mobiles. L'ennemi envoyait, la nuit, des patrouilles auxquelles on dressait des embuscades. Les autorités surveillaient les mouvements des assiégeants et fournissaient des renseignements à la place.

[2] *Moniteur officiel*, numéros des 17, 21, 23 et 26 février.

de l'Europe, on essayait de raviver chez elle des haines
éteintes, en évoquant le souvenir des exigences de la France
révolutionnaire et impériale en Suisse, en Belgique et en
Hollande [1]. Il était question de ne réclamer rien moins que
dix milliards. Quand elle sut que les négociateurs avaient réduit cette somme de moitié, l'Allemagne tout entière éclata
en récriminations contre le chancelier qui crut nécessaire de
lui donner une satisfaction à nos dépens.

M. de Bismark avait, depuis l'entrée en campagne, fatigué les chancelleries de ses plaintes contre la conduite des
Français qu'il ne trouvait pas conforme au droit de la guerre.
Le 9 janvier, condensant toutes ses accusations en un réqui-
sitoire accablant, il avait appelé sur nous l'indignation des
nations civilisées. Cette pièce avait paru dans le *Moniteur
officiel* du 22 janvier. La pudeur, à défaut de la justice, l'obligeait à ne point se rendre coupable d'infractions qu'il repro-
chait à son adversaire.

Pendant la trève, dit Grotius, « tout acte d'hostilité est
» illicite, soit qu'on l'exerce sur les personnes ou sur les
» biens [2]. » Vattel, l'auteur favori du chancelier, n'est pas
moins explicite : « Saisir les personnes ou les choses qui ap-
» partiennent à l'ennemi, sans qu'on y ait donné lieu
» par quelque faute particulière, est un acte d'hostilité ; et
» par conséquent il ne peut se faire pendant la trève [5]. Ces
textes sont formels. Je comprends que l'ennemi continue à
se prévaloir du droit de réquisition, sauf à indemniser ensuite
les habitants contre lesquels il l'exerce. J'admets encore,
puisqu'il est, par le fait de la conquête, substitué au lieu et
place du gouvernement indigène, qu'il perçoive les impôts
ordinaires dus à l'état. Mais une contribution *de guerre* est
un acte d'hostilité qui rompt la suspension d'armes. Or la
Prusse profita de l'armistice pour frapper, sans ombre de
prétexte, les départements occupés d'exactions nouvelles
et plus onéreuses que les tributs imposés pendant les hos-
tilités. Je ne doute pas que, si elle avait voulu s'en donner

[1] Numéros du 20 déc. 1870, 16 fév. 1871.
[2] *Le droit de la guerre et de la paix*, L. III. C. XXI. § VI. 2.
[5] *Le droit des gens.* L. III. C. XVI. § 255.

la peine, elle n'eût trouvé, dans l'arsenal de paradoxes où ses jurisconsultes puisent les armes offensives et défensives du *droit historique*, quelque euphémisme pour dissimuler sous un travestissement cette violation flagrante du droit des gens. Mais elle n'avait plus de ménagements à garder et elle l'appela de son vrai nom : *contribution de guerre*. Aux réclamations qui s'élevèrent elle opposa des actes semblables, accomplis en Europe et particulièrement en Prusse par l'empereur, dont elle emprunta le récit à une étude de M. Guizot sur la vie et les ouvrages de M. de Barante. Elle soulignait sans vergogne dans cette citation quelques mots indignés, par lesquels M. de Barante protestait contre les procédés du despote [1], montrant par là qu'elle se souciait aussi peu que Napoléon de la justice, et que tous les moyens lui étaient bons pour assouvir sa haine et sa vengeance. C'était bien la peine d'avoir, pendant cinq mois, laborieusement hissé la grande Allemagne sur un piédestal de vertu pour la faire tomber de plus haut dans l'ornière de cette France « privée de sens moral [2], » et la traîner à sa remorque dans des voies réprouvées par les Français eux-mêmes.

La manière dont cet impôt fut perçu aggrava l'entreprise contre les biens d'un attentat contre les personnes. M. de Brauchitsch convoqua, le 14 février, le conseil général du département, dont neuf membres seulement se rendirent à son appel. Il leur annonça que « une contribution de guerre » de dix millions de francs était imposée aux habitants de Seine-et-Oise, et « comme il pensait que la perception rencontrerait de » grandes difficultés, à raison des souffrances endurées par » le département, » il les invita, pour réaliser la somme, à contracter un emprunt. Les conseillers lui répondirent qu'ils ne se reconnaissaient pas le droit d'engager le département dans une dépense de cette nature, et « faisant appel à ses « sentiments d'équité, » insistèrent pour qu'un sursis fut accordé jusqu'à la fin de la discussion par l'assemblée nationale de Bordeaux des préliminaires de paix.

[1] *Moniteur officiel*, numéro du 24 fév.
[2] *Nouvelliste*, numéro du 25 oct.

Voyant que sa feinte douceur n'avait pas de succès, le préfet jeta le masque et eut recours à la violence.[1] Le 18 fé-

[1]Les mesures vexatoires furent concertées entre les autorités civiles et militaires prussiennes et prescrites en détail, comme on le verra par la pièce suivante laissée entre les mains du maire de Rueil :

« Commandement supérieur de la 3ᵐᵉ armée, section 1.
J. Nº 6036.

« Quartier Général de Versailles
18 février 1871.

« Pour faire rentrer la contribution de guerre, imposée au département de Seine-et-Oise par le gouvernement du Nord, avant la conclusion probable de la paix, le commandement supérieur reçoit l'ordre, sur la demande de la préfecture royale du Nord, d'une exécution militaire et décide ce qui suit :

« 1° Le but de l'exécution est de faire rentrer la somme qui a été marquée pour chaque canton dans le tableau.

« 2° Les chefs du commandement auront aussitôt à envoyer des détachements de troupes dans les villes principales du canton où la garnison est insuffisante.

« La somme de ces détachements se composera d'une compagnie d'infanterie et d'un train de cavalerie. Dans les endroits où il se trouve déjà des troupes, un officier sera chargé de cette exécution.

« 3° Vu la difficulté de rentrer dans les fonds, il faudra apporter un soin particulier dans le choix de l'officier à qui sera confiée la direction du commandement et lui donner le décret de la préfecture afin qu'il puisse le remettre à qui de droit ; il faudra aussi adjoindre à chaque commandement un employé de l'intendance et un officier-payeur.

« 4° Les troupes faisant partie de l'exécution auront droit à un entretien complet pendant le temps que durera l'exécution, de plus les officiers recevront 6 francs et les soldats 2 francs par jour.

« Après ce qui a été dit dans les conventions faites entre les autorités supérieures, les mesures violentes telles que *l'incendie des maisons et la fusillade* ne doivent pas avoir lieu pendant la durée de l'armistice.

« 5° On recommande donc d'employer les moyens d'exécution les plus efficaces, par exemple de donner d'abord aux maires, puis aux membres du conseil municipal beaucoup de soldats à loger, de les *faire arrêter* et de les *emmener*. Il reste encore la faculté de s'étendre sur d'autres lieux du canton si le résultat du chef-lieu n'est pas satisfaisant.

« 6° Comme il est dans notre intérêt de terminer cette exécution le plus tôt possible, nous recommandons de faire prévenir d'avance les villes par des détachements de cavalerie en leur notifiant le désavantage qui pourrait résulter pour elles d'un retard dans le payement.

« 7° Les sommes même ou guidons de renvoi seront envoyés à la caisse de la Préfecture.

« 8° Les chefs du commandement auront à rendre directement compte du début, du progrès et de la fin de l'exécution.

« De la part du commandement supérieur,
le chef du quartier-général,
DE BLUMENTHAL. »

« A la division de landwehr de la garde royale. »

vrier au soir, des officiers se présentèrent devant les maires
des chefs-lieux de canton, pour leur notifier la somme imposée à toute la circonscription. On donnait jusqu'au lendemain à midi pour payer. Un retard devait avoir pour
conséquence une exécution militaire, qui entraînait le logement et la nourriture d'une compagnie et le paiement, par
jour, de 6 francs par tête d'officier et de 2 francs par homme.
Les chefs informaient officieusement les autorités que la consigne de leur troupe était de molester le plus possible la
population, afin de l'amener à une prompte composition. On
pouvait, sur ce point, comptens r l'obéissance empressée de
la soldatesque. Pendant ces pourparlers, les détachements
annoncés arrivaient et prenaient à l'avance les positions
d'exécution, c'est-à-dire qu'ils s'installaient sans façon dans
les maisons et offraient par provision à l'habitant un avant-
goût du traitement qui lui était réservé.

Le lendemain, à midi sonnant, les officiers revenaient à la
mairie pour toucher l'argent qui, on le pense bien, n'était
pas prêt; car c'est à peine si on avait eu le temps d'avertir
les autres communes du canton. Alors l'exécution militaire
commençait. Après trois jours, le maire de Poissy était prévenu qu'on allait procéder à l'estimation des mobiliers; à
La Ferté-Alais, on menaçait le chef-lieu d'un pillage général.
Les communes, épusées par les réquisitions et les impôts,
se trouvèrent hors d'état de satisfaire à ces exigences·
Les municipalités assemblées dépêchèrent des délégués auprès du préfet pour obtenir une diminution et un délai. Il se
montra inexorable. M. Morère, maire de Palaiseau, fut jeté en
prison avec les conseillers et privé d'aliments, jusqu'à ce que
la population laborieuse de cette ville, réduite à cent-vingt
personnes, eût réuni la somme demandée. Montmorency
n'échappa au pillage que par le dévouement de son maire,
M. Rey de Foresta, qui consentit à contracter, sur sa fortune
personnelle, un engagement de 300,000 francs, payables le
22 mars. Le sous-préfet bavarois Von Feilitszch, fit enlever,
dans toutes les communes des arrondissements de Corbeil
et d'Etampes, les maires par des soldats. On les réunit au
chef-lieu de canton, dans la mairie. cernée par la troupe, en

leur notifiant qu'ils ne sortiraient qu'après avoir pris des mesures pour payer [1]. La Ferté-Alais fit une lettre de change de 70,000 francs, à l'échéance du 23 mars. A Milly, on ne se borna pas à une menace de pillage ; toutes les maisons bourgeoises furent dévastées. Les maires tinrent tête partout aux menaces et aux mauvais traitements et ne versèrent qu'une faible partie des sommes réclamées. Au lieu de 10,000,000, l'ennemi ne réalisa que 2,044,477 francs 72 centimes [2]. Les deux bons, signés de M. Rey de Foresta et des maires du canton de La Ferté-Alais, étaient à l'ordre de M. de Brauchitsch, qui eut l'audace de faire présenter à l'échéance par un banquier d'Orléans celui de La Ferté-Alais, malgré la clause contraire du traité de paix. Il a gardé le billet du maire de Montmorency.

Dans les derniers jours de janvier, au moment où M. Jules Favre venait au quartier général traiter de la capitulation de Paris, l'armée allemande redoubla partout de malveillance. Un officier supérieur, auquel le maire d'Epinay-sur-Orge se plaignait de cette aggravation, répondit que les soldats agissaient d'après un ordre. En alourdissant le poids de l'occupation, on voulait hâter la conclusion de la paix et laisser aux Français un *souvenir de guerre* tel qu'ils perdissent à jamais l'envie de provoquer de nouveau l'Allemagne. La trève conclue n'adoucit point le vainqueur. Il avait reçu de la Providence la mission de nous châtier de nos crimes et de nos débauches ; il n'était pas capable de faillir à ce devoir. A Mainville [3], des habitants croyant qu'ils pouvaient, maintenant qu'on

---

[1] Le maire d'Arpajon et le conseil municipal furent emprisonnés à Versailles jusqu'après paiement du tiers.

[2] Arrondissement de Versailles, 769,761 fr. 16 c.

—	Corbeil,	283,519	74
—	Etampes,	376,328	99
—	Mantes,	146,726	17
—	Pontoise,	82,194	58
—	Rambouillet,	395,947	08

[3] Hameau de Draveil.

ne se battait plus sous Paris, reprendre le train ordinaire de leur existence, avaient de la lumière dans leur maison, à onze heures du soir. Une patrouille la voit, entre avec effraction et se fait d'abord servir du vin. Pendant que ses camarades boivent, l'un des soldats cherche à violenter la fille de Joseph Rabot. Le père veut la défendre ; il est aussitôt saisi, entraîné sur le seuil et fusillé. On tue aussi son frère et on blesse son neveu qui venaient à son aide. Deux officiers accourent au bruit, et au lieu d'arrêter les coupables, ordonnent d'enfoncer la porte de l'adjoint de la commune, le font attacher à une selle de cheval et emmener à Corbeil.

Dans les propriétés, la dévastation, loin de cesser, empire. Les soldats vendent publiquement aux enchères les meubles des maisons désertes. Les convoyeurs de l'armée les achètent à vil prix ; quelques brocanteurs français n'ont pas honte d'entrer avec eux en concurrence. Certains régiments emmènent eux-mêmes leur butin. Le 86e de ligne prussien, cantonné à Argenteuil pendant le siége, emporta quatre-vingts voitures de meubles.

M. Lefèvre, conseiller d'arrondissement, revenant de Paris, voulut arrêter quatre fourgons, chargés d'objets volés au château de Sucy. Les soldats qui les conduisaient, dégaînèrent et le menacèrent de mort. Mme Sauchi, propriétaire du château de Limeil-Brévannes, trouva les Bavarois dévastant les bâtiments et le parc ; pour obtenir la cessation de ce pillage, elle dut payer une rançon de 5,260 francs. Le 8 mars, le capitaine de cavalerie de Molkte, quittant le château de Gournay-sur-Marne, alluma un feu de joie au milieu de la cour. Les pianos, armoires, commodes, persiennes servirent à l'alimenter.

Quand il n'y avait plus rien à prendre, les soldats brisaient les glaces scellées dans la muraille, les marbres des cheminées, les lambris, les plafonds. A Jouy-en-Josas, il ne resta de la maison de M. Chaplin, peintre, que les quatre murs pendants et les caves effondrées. Le 66e régiment, à Sarcelles, a même démoli les murailles. Je cite ces faits entre dix mille. Les écoles n'échappèrent pas à leur rage. Les dégâts qu'y ont commis les armées allemandes s'élèvent à la somme de 254,970 francs [1]. Cent-cinq dépôts d'archives communales ou hospitalières furent saccagés ; neuf ont péri entièrement. Dans vingt-six autres, les soldats se sont amusés à lacérer les registres de l'état civil et à les disperser sur les fumiers des villages [2]. A Garges, ils n'épargnèrent même pas l'hospice, dont le mobilier a été complètement ruiné. Les charrues et autres outils agricoles, que la trève de Dieu obligeait les barbares du xie siècle à respecter, ont été détruits presque partout aux environs de Paris. Les vannes du moulin d'Yerres ont été brisées. Une très-riche collection d'instruments d'optique a été mise en pièces au château du Buisson [3]. Dans le cabinet de physique du savant M. Regnault, à Sèvres, rien n'était dérangé en apparence, mais tous les appareils avaient été, à coups de marteau, faussés et mis hors de service. A Aulnay-lez-Boudy, Blaru, Morangis, on avait, pendant la guerre, forcé les troncs et pillé les sacristies ; durant l'armistice, l'église et la chapelle de Notre-Dame-des-Anges de Clichy-sous-Bois et l'église de Valenton furent entièrement saccagées : stalles, bancs, horloges, vitraux, autels, tout fut anéanti. Ce pillage sacrilége fut, à Valenton, commis par les Bavarois catholiques du général Von der Thann. A Corbeil, un régiment prussien, logé pour une nuit dans l'église Saint-Spire, se divertit en arrachant les tuyaux de l'orgue. Plusieurs imaginèrent des raffinements de méchanceté inouïs. Après avoir jeté au vent la bibliothèque et les manuscrits de M. Cocheris, à Sainte-Geneviève-des-Bois, ils prirent le portrait de sa mère, peint par Paul Delaroche, et le coupèrent en petits morceaux. A Ville-d'Avray, à Montfermeil,

[1] Arrondissement de Versailles, 77,400 fr.
    —   Corbeil,   66,758
    —   Etampes,   2,384
    —   Mantes,   693
    —   Pontoise,   84,970
    —   Rambouillet, 22,765

[2] L'arrondissement de Pontoise compte trente-cinq dépôts dévastés : celui de Versailles, vingt-sept ; de Corbeil, vingt-cinq ; de Mantes, huit ; d'Etampes, cinq ; de Rambouillet, cinq.

[3] Commune de Champceuil.

à Montmorency et en cinquante autres endroits, ils étalèrent, en s'en allant, la braise enflammée sur le plancher, afin que les maisons où ils avaient logé prissent feu derrière eux.

Pour satisfaire leur haine, ils ne craignirent pas de se déshonorer. Il n'est pas de ville ou de village où ils n'aient déposé des excréments dans les tiroirs, dans les vases des cheminées, pour ménager à leurs hôtes des surprises de bon goût [1]. Les Saxons, à Gournay-sur-Marne, en enduisirent les ornements sacerdotaux qu'ils replièrent ensuite dans les armoires de la sacristie.

« . . . . fœdissima ventris
« proluvies uncæque manus. . . . . » . [2]

Le village de Garches avait été fort maltraité pendant la bataille de Buzenval. L'ennemi en consomma la destruction, quelques jours après. Saint-Cloud avait beaucoup souffert du feu des forts, mais, le 27 janvier, la ville presque entière était encore debout. Dès que la capitulation fut annoncée, les habitants, qui avaient trouvé un refuge au grand-séminaire de Versailles, voulurent reprendre possession de leurs maisons. Mais l'ennemi ne les y laissa pas rentrer. Les grands justiciers de la nation française avaient marqué cette ville pour une suprême expiation. Le 28, des hauteurs environnantes, on signala des incendies à Saint-Cloud. Les jours suivants, des colonnes de fumée noire continuèrent à monter dans les airs. Quand l'œuvre fut finie, les vitrines des libraires de Versailles s'emplirent de photographies représentant des Prussiens debout au milieu de ruines fumantes. C'étaient

[1] Dans les maisons abandonnées, notamment à Boutigny, ils vivaient au milieu de leurs ordures. Quand ils ne pouvaient plus mettre les pieds dans une chambre, ils passaient à une autre.

[2] « Dès le début de la guerre, M. Seydoux, ancien député, avait offert sa propriété du Val-d'Anglas à Bougival, alors richement meublée, pour y placer une ambulance française. La Prusse en chassa nos pauvres blessés et y installa les siens. Puis, la guerre terminée, elle exprima sa reconnaissance au propriétaire en brisant les gros meubles et les glaces, en déchirant toutes les tapisseries, en enlevant tout ce qui pouvait être transporté en Allemagne et en souillant germaniquement tout ce qu'elle abandonnait. » (Rapport de M. le docteur Granae sur l'ambulance de Bougival.)

les soldats des 47e [1] et 58e [2] régiments d'infanterie du 5me
corps, qui avaient brûlé, une à une, avec du pétrole, les
maisons de Saint-Cloud. Ces hommes que nous avions logés
à Versailles, pendant tout l'hiver, s'étaient pour la plupart
montrés humains et même bienveillants. Qui donc en avait
pu faire de sauvages incendiaires? La discipline prussienne,
en laquelle nous avions eu la naïveté d'espérer d'abord.

La destruction de Saint-Cloud avait été exécutée par ordre. Les Prussiens nous en ont laissé la preuve écrite. Dans le
dossier de l'enquête dont le présent travail est le résumé [5],
se trouve la photographie d'une persienne d'un des rares
bâtiments demeurés intacts, sur laquelle on lit ces mots :
» *Dieses Haus ist bis auf wetteres zu schonen.* 28 *januar* 1871.
» *Jacobi, major im general Stab.* — Cette maison doit
» être épargnée jusqu'à nouvel ordre. 28 janvier 1871.
» Jacobi, major à l'état-major-général. » On voit par la
date, que le commandement supérieur de l'armée prévoyait,
le lendemain de l'armistice, que la ville de Saint-Cloud
pourrait être détruite. J'atténuerais la valeur de ce document
en le commentant. Je ferai seulement une remarque : le
Moniteur prussien a essayé, en termes assez embarrassés, d'ex-
pliquer l'incendie, après l'armistice, du château de Meudon.
Il n'a pas dit un mot de Saint-Cloud. Rien ne me paraît plus
significatif que ce silence.

Le dernier asile des morts ne fut pas mieux traité que la
demeure des vivants. Le journal, pour justifier les fouilles
pratiquées dans le cimetière de Thiais (Seine), prétendit que
le désordre signalé sur ce point avait été causé par des
obus. Il aurait sans doute expliqué de la même manière, les
tranchées ouvertes dans celui de Garches. Et comme une
bataille a été livrée sur le territoire de Velizy, les exhuma-
tions faites dans le cimetière de cette commune, ne l'auraient pas embarrassé davantage. Mais il aurait eu quelque
peine à donner des motifs plausibles de la violation de cha-

[1] Colonel Flotow.
[2] Colonel Rex.
[5] Il comprend plus de trois mille pièces, revêtues d'un caractère incon-
testable d'authenticité.

pelles funéraires à Aulnay-lez-Bondy et à Livry. Et ce
n'est pas tout. Le 7 février, Trifforiot, jardinier, rentrant au
château de Fleury [1], remarqua que la tombe de madame la
marquise douairière de Pastoret, née Piscatory, décédée en
1844, avait été brisée extérieurement; le cercueil était cependant demeuré intact. Il s'empressa de refermer le monument
avec une porte. Trois jours après, des soldats, du 11e chasseurs
l'avaient enlevée et avaient tiré la bière dehors pour la fouiller ;
des fragments de chair embaumée et d'ossements étaient ré-
pandus sur le sol à l'entour. Il se plaignit aux officiers qui l'ac-
cueillirent fort brutalement et n'ordonnèrent aucune enquête.
— A Sucy, René Planchenault, ancien serviteur de la famille
Ginoux, rentrant à Paris à la même époque, après avoir
constaté les dévastations commises dans le château, alla
visiter le lieu où ses maîtres avaient été enterrés. La porte était
fracturée. Il entra dans le caveau et recula d'horreur, en
voyant sur les dalles le cadavre de madame Raymond Ginoux. Son cercueil avait été mis en pièces et on en avait enlevé le revêtement de plomb. Les auteurs de cette profanation
sont les Bavarois du général Von der Thann, qui, nouveaux
convertis aux doctrines prussiennes, ont, du premier bond,
dépassé leurs maîtres. Il est inutile de qualifier ces actes.

Et si on nous jette à la face qu'il s'est trouvé parmi les
Français des incendiaires et des profanateurs capables de
souiller et saccager Paris, la postérité répondra que, tandis
que l'état-major prussien, à Montmorency, éclatait en trans-
ports de joie à la vue des flammes dévorant les Tuileries,
l'armée française, encore meurtrie par les souffrances d'un
long siége et d'une plus dure captivité, ramassant les armes
que des catastrophes sans exemple avaient fait tomber de
ses mains, a rassemblé ses forces expirantes pour faire justice de ces plagiaires des soldats allemands.

Voilà donc le *souvenir de guerre*, laissé à la France par
le nouvel empereur. Il se traduit par un chiffre éloquent :

[1] Commune de Meudon.

132,066,836 francs [1]. Cette somme ne représente que le montant des réclamations constatées et réduites par les commissions cantonales. Si l'on voulait y joindre les pertes d'objets d'art que les commissions n'ont pas appréciées, les dommages et dépenses pour lesquels les habitants n'ont demandé aucune indemnité, la ruine des châteaux de Saint-Cloud, Meudon, La Malmaison, on dépasserait deux cents millions de francs.

Quelques journalistes, profitant de l'armistice pour visiter le théâtre de la lutte, furent témoins de ces saturnales et les signalèrent à l'indignation de l'Europe. Les Prussiens trouvèrent le procédé « inqualifiable. » Un article de M. Alfred d'Aunay, dans le *Figaro* du 21 février, qui imputait, dit le *Moniteur officiel* « aux officiers allemands et aux Allemands » en général, les faits les plus éhontés de vol et de pillage, » mit le comble à leur irritation. Le 25, ils nous apprirent que « le ton arrogant avec lequel la presse parisienne insultait l'armée victorieuse avait rendu complètement infructueux les efforts tentés pour empêcher l'entrée

[1] Arrondissement de Versailles, 39,987,747 fr. 17 c.

—	Corbeil,	34,738,134	60
—	Etampes,	817,369	08
—	Mantes,	1,577,787	08
—	Pontoise,	51,434,712	18
—	Rambouillet,	2,133,675	95

Les dommages causés par l'ennemi aux diverses compagnies de chemins de fer qui traversent le département s'élèvent à 1,377,410 fr. Un détail curieux : dans les gares situées sur le territoire de Seine-et-Oise, la compagnie de l'ouest a constaté en horlogerie une perte de 5,832 francs. Les destructions accomplies par ordre du génie français ne sont pas comprises dans ces estimations.

En additionnant les contributions, réquisitions et pertes constatées, on arrive à un total de 168,179,290 fr. 15 c. qui se décompose ainsi :

Arrondissement de Versailles,		52,243,130 fr.	85 c.
—	Corbeil.	41,467,341	23
—	Etampes,	3,883,341	83
—	Mantes,	3,133,510	42
—	Pontoise,	59,388,472	42
—	Rambouillet	3,066,074	39

Plus les pertes des chemins de fer).

» des troupes prussiennes à Paris. » Ce n'était qu'un prétexte, car elle faisait partie du programme arrêté de longue
date. Ne fallait-il pas copier l'entrée de Napoléon à Berlin
après Iéna ? Depuis les premiers jours de février, l'armée
s'y préparait. L'état-major, caracolant dans les avenues
avec des uniformes tout neufs, essayait des poses héroï-
ques. Les soldats échangeaient ces coiffures, dont l'ampleur et
la forme avaient souvent excité la verve railleuse des Parisiens, contre des casques plus petits et plus élégants. Le
chemin de fer en amenait tous les jours des cargaisons;
bientôt tout le 5ᵐᵉ corps en fut pourvu. La sérieuse Allemagne
ne dédaignait pas de battre sur son terrain la frivolité française. A ceux qui leur observaient que c'était assumer une
lourde responsabilité devant Dieu et l'humanité d'exposer,
pour un succès de vanité, leur armée et une population de
deux millions d'âmes à des massacres dont la pensée faisait
frémir, les officiers répondaient qu'ils ne craignaient pas une
révolte, avec un ton où perçait le désir d'en profiter pour
satisfaire la jalousie et la haine que l'inefficacité du bombardement avait laissées inassouvies. Ils partirent pour ce triomphe, le 2 mars, musique en tête. En attendant leur retour,
nous errions par les rues et les chemins comme des âmes
en peine. Dans tous les bruits nous croyions entendre le
grondement lointain du canon, annonce d'une catastrophe.
Enfin on vit les triomphateurs revenir. Ils paraissaient fati-
gués, couverts de poussière et penauds. Paris avait eu la
sagesse de se contenir. Ils étaient demeurés vingt-quatre
heures parqués sur des avenues désertes ; les moqueries
des gamins des rues les avaient, seules, accueillis. L'effet était
manqué.

Pendant la semaine qu'ils passèrent encore avec nous, ils
eurent beau affecter une suprême indifférence et nous répéter
avec dédain : « Est-ce à l'ignorance de tourner en dérision
» l'enfant du travail, pendant qu'il est couronné de lauriers[1] ? »
Au fond, ils étaient vexés d'avoir laissé prendre au vaincu
une première revanche. Paris en deuil, silencieux et digne,

[1] *Moniteur officiel*, numéro du 17 fév.

avait remporté sur l'ennemi, qui voulait insulter à sa défaite, une victoire morale. L'entrée à Berlin avait été un
triomphe; l'entrée à Paris était ce que les *impresarii*, déçus
dans leurs espérances, appellent un *fiasco*. L'épopée allemande qui avait jusque-là déroulé dans une grandeur terrible ses périodes sanglantes, aux applaudissements des peuples et avec la complicité de Dieu, finissait mesquinement
dans la trivialité d'une entreprise de déménagement et le
ridicule d'une parodie, sifflée par le spectateur.

IX

Attitude du département.

Qu'ils partent donc ces vainqueurs chargés de nos dé-
pouilles! Si l'on juge de la « grande civilisation » qu'ils vont
fonder au centre de l'Europe par les traces qu'ils laissent
derrière eux, le monde regrettera la prépondérance française.
Ils demeureront encore sur la rive droite de la Seine jusqu'au 11 septembre, et nos malheureux concitoyens des cantons de Boissy-Saint-Léger, Magny et Limay, et de l'arrondissement de Pontoise seront, pendant quelques mois, en butte
à leurs réquisitions et à leur brutalité. M. de Brauchitsch, at-
tardé à Compiègne, tiendra encore en arrêt la proie qui lui
échappe et ne regagnera son siége de *landrath* qu'après que
la victoire définitive du gouvernement français sur la commune lui aura ôté tout espoir d'administrer le beau département, dont il était si jaloux d'être appelé « le préfet. »
L'état-major nous jettera, avant de partir, un dernier défi. On
le verra, au milieu du mois d'août, parcourir les communes
avec de nombreuses escortes, lever des plans, recueillir des
renseignements statistiques et préparer les logements pour
une nouvelle invasion. Notre sagesse et notre patriotisme ren-
dront, s'il plaît à Dieu, cette menace vaine.

§ 1. — COMMUNICATIONS AVEC PARIS ET LA PROVINCE.

Enfin nous ne sommes plus sous la cloche prussienne et
nous recommençons à respirer l'air français. Les lettres et les
journaux nous arrivent, et la poste a repris au grand jour son

service régulier. Pendant toute l'occupation, les agents de cette administration, si parcimonieusement rétribués, après avoir refusé d'obéir aux fonctionnaires prussiens, avaient, au péril de leur vie, organisé clandestinement un transport et une distribution de dépêches; mais on avait à souffrir de longs retards et de fréquentes interruptions. Leurs efforts méritent néanmoins toute notre reconnaissance. On ne peut trop admirer et leur courage et l'adresse avec laquelle ils déjouent la surveillance de l'ennemi. Les courriers passent sous toutes sortes de déguisements à travers les lignes d'avant-postes [1]. M. Dard, receveur de Magny, pour n'être pas découvert, établit son bureau dans une tannerie. Il va lui-même chercher des ballots à Evreux et joint à son service celui du bureau de Mantes [2]. Les facteurs s'exposent à tous les dangers pour porter les lettres à domicile. Ceux de Breval, dont tout l'avoir a été brûlé par les Prussiens, n'interrompent pas leurs voyages. Quelques-uns se transforment en courriers et vont à pied, le facteur de Montfort, à Laigle; ceux de La Ferté-Alais, à Montargis. Les Prussiens arrêtent plusieurs d'entre eux, les maltraitent, mais ne parviennent pas à saisir leurs dépêches. Le commis et les facteurs de Saint-Germain-en-Laye subissent un emprisonnement de six semaines [3]. Les directrices montrent une habileté et un zèle au-dessus de tout éloge. Mademoiselle Dubourg, de Marcoussis, et madame Lhoste, de Montfort, traversent avec des ballots de lettres les lignes prussiennes. Madame Billiard, à Beaumont; mademoiselle Berthe Jadin, à l'Isle-Adam; madame Ledié, à Ris; madame Perrin, à Poissy; madame de Livry, à Houdan, continuent leur service journalier, quoique des Prussiens soient logés chez elles ou des sentinelles placées à leur porte pour les surveiller. Madame Delombre, à Draveil, le fait, au nez du vaguemestre ennemi qui s'est installé dans son bureau. Made-

[1] Le courrier de Neauphle à Houdan, saisi par les Prussiens, eut sa voiture et ses chevaux confisqués.
[2] Comme lui le receveur de Corbeil, M. Queste, fait des voyages à Melun. M. Grand, receveur de Rambouillet, montre également un grand dévouement.
[3] Un contrôleur de Versailles, M. Thiroux, fut emmené prisonnier en Allemagne.

moiselle de Saint-Remy, à Arpajon, ne se laisse pas effrayer par des perquisitions et dessert toute la contrée jusqu'à Essonnes. Quelques heures après le bombardement de Nesles-la-Vallée, quinze Prussiens, le pistolet au poing, font irruption dans le bureau de poste et le fouillent. La distributrice, mademoiselle Marie Flagey, jeune fille de vingt ans, assiste, sans broncher, à leurs recherches. Elle portait toutes les lettres dans son corsage [1].

Les maires, les conducteurs des ponts-et-chaussées, les agents-voyers, les cantonniers, secondent les employés des postes dans ce service plein de difficultés et de dangers [2]. M. Toquet, qui faisait la correspondance entre Corbeil et Melun, fut emmené en Allemagne, où il mourut, laissant une jeune femme et des enfants en bas-âge. Grâce à ces dévouements nous avions de loin en loin des nouvelles de la province.

De Paris nous ne savions rien. Les ballons lancés de la capitale passaient sur nos têtes; nous les suivions de l'œil, avec un sentiment de plaisir qu'augmentait le spectacle de la colère des Prussiens. Ils couraient après, au galop de leurs chevaux, en leur envoyant des coups de fusil. Deux de ces ballons atterrirent dans le département. Le premier, guidé par l'aéronaute Mangin, tomba, le 25 septembre, à Vernouillet, chargé de cent kilogrammes de dépêches. En trente minutes, avec le concours des habitants, il fut dégonflé, plié, caché. Quand les hussards, qui le suivaient à fond de train depuis Les Alluets, arrivèrent, les ballots de lettres étaient en route pour Mantes et la foule dispersée. Le second, le *général Uhrich*, descendit près de Luzarches. L'enlèvement des dépêches dura trois jours. Il fut fait par madame Delaye, directrice de Viarmes, qui les transporta, dissimulées dans une voiture, à travers les Prussiens.

[1] A Bonnières, M. Scimbat cachait également sur lui des dépêches adressées aux francs-tireurs d'un bataillon qui avait manœuvré dans la contrée, pendant qu'on pillait son bureau, à la suite d'un combat livré sous ses fenêtres.
[2] A Essonnes, M. Feray, aujourd'hui député, subit, pour ce fait, un interrogatoire après lequel il est consigné chez lui pendant huit jours.

8

On tente à diverses reprises de communiquer avec Paris, mais sans beaucoup de succès. A Montgeron, les Allemands se saisissent du facteur de Cesson (Seine-et-Marne), qui essayait de traverser les avant-postes. Condamné à être fusillé, il fut grâcié, à la demande des autorités locales. M. Hély-d'Oissel facilite le passage d'un jeune breton, nommé Barbin, qui entre la nuit à Paris par Chatou. Le maire de Saint-Germain-en-Laye fait deux jours de prison pour avoir donné de l'argent à un porteur de dépêches qui cherchait à pénétrer dans la capitale. Le courrier Cribier, venant de Tours, passe au bureau de Houdan, où on lui donne d'utiles indications qu'il met à profit, et revient quelques jours après, emportant les dépêches des assiégés à la délégation nationale. Des habitants de Gournay-sur-Marne jettent des bouteilles cachetées dans la rivière, et sont emprisonnés pour ce motif. M. Campagne, conducteur du service de la navigation à Corbeil, va plusieurs fois, sans sauf-conduit, chercher des dépêches à Auxerre et à Orléans. Revenu à Corbeil, il les enferme dans des tubes et les confie à la Seine. Aucune ne parvint à son adresse. Les Prussiens les recevaient dans des filets tendus à Choisy-le-Roi. Le 15 janvier, M. Campagne trouva des boîtes à ailettes (système Rampont), renfermant 650 lettres, expédiées de Moulins (Allier). Après la guerre, deux autres furent repêchées à Athis-Mons. Le docteur Bonin, à Poissy, imagina de rétablir le télégraphe, en dissimulant une partie des fils sous terre. Il exposa son système à la délégation de Tours, qui l'encouragea, mais ne put lui fournir les moyens de le mettre en pratique.

L'administration des télégraphes ne demeura pas dans l'inaction. Elle avait placé, à Rambouillet et à Dourdan, des postes d'observation militaire, qui ne se replièrent qu'à la fin de septembre, à la dernière extrémité, et après avoir brisé leurs appareils. M. Brou, à Mantes, montra une grande énergie; il ne quitta la ville que le 29 septembre, emportant tout son matériel, caché dans une voiture, avec des fusils abandonnés dans la gare par les francs-tireurs. Il traversa ainsi les rangs des Prussiens qui faisaient leur entrée dans la ville. En octobre,

on essaya de rétablir le câble électrique qui avait été coupé
à Bougival. M. Bellangé, capitaine d'un chaland de la compagnie du touage de la Seine, le dragua jusqu'au pont de Sartrouville, dans la nuit du 8. Il fut malheureusement impossible
de gagner l'écluse de Bougival. Le 23 octobre, on tenta de
correspondre par des signaux lumineux, échangés entre le
Mont-Valérien et le village de Drocourt. Malgré la présence
de l'ennemi à Mantes et à Magny, le maire de cette commune s'offrit à garder chez lui les employés qui desserviraient
la station, et à faire parvenir les dépêches à Rouen. On ne
donna pas suite à ce projet.

§ 2. — SEINE-ET-OISE A PARIS.

Réfugiés. — Les communications se rétablirent peu à peu,
et bientôt nous vîmes revenir nos concitoyens réfugiés à
Paris. Plusieurs d'entre eux étaient, au mois de septembre,
partis pour une journée seulement, et surpris par l'investissement, avaient dû demeurer quatre mois et demi, sans ressources et sans nouvelles de leurs familles et de leurs maisons,
devenues la proie des Prussiens. La capitale leur donna une
généreuse hospitalité et leurs compagnons d'infortune vinrent
à leur secours. A la fin de septembre, les municipalités des
communes, dont les habitants avaient cherché un refuge à
Paris, groupèrent autour d'elles leurs administrés, et avec l'autorisation du gouvernement, reconstituèrent des mairies. Les
maires des départements de Seine-et-Oise et de Seine-et-
Marne se concertèrent entr'eux et désignèrent des délégués
pour former une commission, approuvée par arrêté du ministre
de l'intérieur, en date du 7 octobre. Cette commission eut
pour président d'abord M. Jozon, puis M. Barthélemy-Saint-
Hilaire[1]. M. Antonin Proust remplit auprès d'elle les fonctions

---

[1] Ce dernier fut nommé le 10 novembre. Pour le département de Seine-
et-Oise le vice-président fut M. Léon Say; le trésorier, M. Cocheris; le secrétaire, M. Foyot. Furent nommés délégués : pour l'arrondissement de Corbeil,
rive gauche, M. Cocheris; rive droite, M. Lefèvre; pour l'arrondissement de
Versailles, nord : M. Desfossez ; sud, M. Foyot ; pour l'arrondissement de

de délégué du ministère. Elle s'occupa des intérêts généraux
des réfugiés et surtout de l'assistance des indigents, à laquelle
concoururent avec une grande générosité et le gouvernement
qui fit des distributions de bois et de vêtements, et la ville
de Paris, qui se chargea de fournir le logement et le pain. Des
souscriptions et des offrandes augmentèrent ces ressources.
Les instituteurs présents à Paris ouvrirent des écoles où les
parents furent invités à envoyer leurs enfants. Les écoles de
Paris les reçurent également. Le 30 octobre, eut lieu, à l'hôtel-
de-ville, une réunion solennelle de tous les maires des communes de la Seine, de Seine-et-Marne, de Seine-et-Oise et de
l'Oise, où MM. Jules Favre, ministre de l'intérieur; Arago,
maire de Paris; Jules Ferry et Jozon prononcèrent des dis-
cours. On trouve, dans le *Journal officiel* du 26 octobre, la liste
de tous les maires et présidents de commissions provisoires
des communes représentées à Paris. Ils tentèrent, mais en
vain, d'entrer en communication avec les gardes-mobiles du
département.

Garde-mobile. — La troisième batterie d'artillerie de Seine-
et-Oise a pris part, pendant toute la durée du siège, au service
actif de la défense et aux travaux d'armement de la forteresse
du Mont-Valérien et des ouvrages avancés qui en dépendent.
La première et la deuxième, sous les ordres du commandant,
firent, à partir du 9 septembre, le service des bastions 43, 44
et 45 de l'enceinte. Campées sous la tente-abri sur la voie du
chemin de fer vers la porte d'Asnières jusqu'au 15 novembre, on les établit ensuite dans des baraques sur l'avenue
de Wagram.

Le 54e régiment de garde-mobile, fut d'abord de même logé
dans des baraques, sur le boulevard de Clichy et l'avenue de
Wagram. Le 2 octobre, le sixième bataillon fut caserné au

Mantes : M. Revelle; pour l'arrondissement de Pontoise : MM. L. Say,
Maréchal et Touzé; pour l'arrondissement de Rambouillet : M. Barthélemy-
Saint-Hilaire.

[1] Ce régiment donna, dès le principe, la preuve d'un excellent esprit.
Appelé à élire ses chefs, il refusa d'abord. Sur l'invitation du colonel, il obéit
à l'ordre du gouvernement, mais renomma tous ses officiers, à l'exception de
deux d'une incapacité démontrée. Le 60e régiment imita cette conduite.

fort de Nogent. Il fournit à l'artillerie de la place un détachement de deux cents auxiliaires, qui fut très-éprouvé surtout
pendant le bombardement. Le reste du bataillon fit le service
des avant-postes et des reconnaissances de nuit sur les
bords de la Marne, et eut de fréquentes rencontres avec les
Prussiens. Le sous-lieutenant Paul Richard, avocat, perdit la
vie dans une de ces affaires. Le quatrième bataillon fut, le
25 novembre, joint au sixième, tandis que le cinquième allait
occuper la redoute de Charlebourg, où il fournit des guides
et des éclaireurs aux colonnes d'opération. Le 29 au soir, les
quatrième et sixième bataillons, sous les ordres du colonel,
furent chargés de la défense de la redoute de Saint-Maur et
des batteries du Réservoir et de Champignolles. Placés à
cinq cents mètres des hauteurs de Chennevières, ils eurent
trois hommes tués et six blessés, le jour de la bataille de Champigny. Ils demeurèrent dans ces positions jusqu'à la fin du
siége, formant les avant-postes sur toute la rive droite de la
Marne, de Port-Créteil à Joinville-le-Pont. Pendant le bombardement, douze mille projectiles tombèrent sur la redoute,
sans atteindre un seul homme. Le 6 janvier, le colonel sauva
sous le feu des Prussiens, un équipage de pont, laissé sur la
rive gauche par les Français, lors de la retraite de Villiers.
M. Abraham déclare que, malgré les souffrances causées par
le froid et les privations de toutes sortes, il n'eut à constater
parmi ces jeunes gens, à peine sortis de leurs familles, aucune défaillance ni à réprimer aucun manquement à la discipline. Casernés pendant l'armistice dans les bastions 1 à 11 [1],
ils conservèrent le bon esprit qui les animait depuis le commencement, et résistèrent à toutes les tentatives d'embau-
chage, faites dans leurs rangs par les agents de l'internationale.

Les destinées du 60ᵉ régiment furent plus tourmentées et
plus pénibles que celles du 51ᵉ. Logé chez l'habitant dans le
septième arrondissement (quartier des Invalides) jusqu'au 25
septembre, on le fait ensuite camper sur l'esplanade dans les
petites baraques qui servent aux marchands d'étrennes sur les

[1] Quartiers de Reuilly et de Ménilmontant.

boulevards. Le 6 novembre, il va prendre ses casernements au grand Montrouge, où il garde les tranchées depuis le parc du château de Montrouge jusqu'au Moulin-Cachan. Il y reçoit, le jour du combat de l'Hay, une grêle d'obus sans éprouver de pertes. Envoyé, le 6 décembre au camp de Saint-Maur, il y passe quinze jours dans des baraques; repart le 20, pour prendre position sous le fort de Rosny; assiste, l'arme au pied, à la seconde affaire du Bourget; puis campe huit jours dans la plaine de Drancy, où il est obligé de se creuser des sortes de terriers, pour ne pas mourir de froid. De là, on le met sept autres jours dans les jardins de Bobigny où, plus malheureux que dans les trous qu'il venait de quitter, il ne peut se défendre des intempéries qu'en garnissant ses tentes de fumier. Enfin, le 6 janvier, il est cantonné à Pantin dans les maisons abandonnées. Ces dures épreuves avaient été supportées avec un grand courage; mais 1,100 hommes sur 3,300, étaient tombés malades et avaient dû entrer à l'ambulance, et un certain nombre d'officiers s'étaient laissés aller au découragement. Quelques jours d'un bien-être relatif rendirent au régiment sa consistance. Le 18 janvier, il reçut l'ordre de se diriger sur Buzenval. Il passa une partie de la nuit dans la plaine de Charlebourg, où la gelée avait tellement durci la terre que l'on ne put dresser les tentes. Il reprit sa marche à six heures du matin, mais retardé par le défilé de la garde nationale à laquelle il devait servir de réserve, et entravé par l'état des chemins, détrempés par un dégel subit, il ne put déboucher sur le plateau de Buzenval qu'à trois heures. Là, il attendit, recevant quelques obus qui tuèrent un homme et en blessèrent un second. Il demeura jusqu'à minuit, abrité le long du mur du château, et rentra à Charlebourg à cinq heures du matin. De Courbevoie, où il passa cinq jours, il fut envoyé sur le boulevard des Batignolles, où il campa dans une inaction dissolvante et des conditions tellement défectueuses que les hommes tombaient malades d'ennui et de misère. Enfin on le licencia, le 6 mars [1].

[1] Au moment où le deuxième bataillon approchait de Mézières, les habitants de ce malheureux village incendié, qui venaient d'assister à un service funèbre, célébré pour la famille qui avait été brûlée dans une cave

Volontaires de la garde-nationale. — En même temps que la garde-mobile, des volontaires de la garde nationale de Versailles étaient partis pour Paris, sous les ordres de M. Dinnat, capitaine. On les envoyait dans les tranchées en avant du rempart des Ternes, dès le 28 septembre. Les volontaires de Saint-Cloud et de Garches se joignirent à eux. Ils formèrent ensemble un bataillon qui, le 17 novembre, se donna pour chef le commandant de la compagnie de Versailles. Le 29, ce nouveau bataillon, placé en réserve en deçà de la gare de Vitry, assistait à la sortie tentée vers Choisy. Trois hommes y furent atteints par des obus et moururent des suites de leurs blessures. Quand il rentra dans Paris, le 8 décembre, le lieutenant-colonel Roger (du Nord) écrivit au commandant : « c'est un brave bataillon qui s'est bien conduit et que » je regrette. » Le 11 décembre, il fut incorporé dans le 4ᵉ régiment de Paris. On lui donna, le 13, la garde des tranchées de Créteil; le 24, de Rosny, et le 6 janvier de Charlebourg. Il fut dirigé sur Buzenval, le 19 janvier, mais n'alla pas plus loin que Saint-Cloud.

Légion de Seine-et-Oise. — Parmi les hommes des communes situées dans le rayon d'attaque et de défense, deux mille environ s'enrôlèrent tout d'abord dans les bataillons de la garde nationale sédentaire des quartiers où ils avaient fixé leur domicile. Une partie des habitants du canton de Gonesse forma un bataillon spécial qui reçut le numéro 252. Les pompiers avaient été annexés à ceux de Paris. Le 28 novembre, à la demande de la commission des maires du département, un décret réunit en légion tous les citoyens de Seine-et-Oise qui étaient demeurés jusque-là en groupes isolés. M. Desriveaud, d'Argenteuil, fut nommé colonel de ce corps divisé en cinq bataillons [1]. Il fournit des compagnies de marche

(voir plus haut le chapitre III), sortirent au-devant de lui, et emmenant les soldats dans leurs maisons, partagèrent avec eux le peu qui leur restait.

[1] Comprenant le 1ᵉʳ : les gardes nationaux de Versailles (autres que les volontaires qui étaient incorporés dans le 4ᵉ régiment de Paris), Rueil et Argenteuil ; le 2ᵉ : ceux de Saint-Cloud, Garches (autres que les volontaires incorporés dans le 4ᵉ régiment de Paris); Sèvres, Chaville, Viroflay et Meudon; le 3ᵉ : ceux du canton de Gonesse (nord) qui avaient composé le 252ᵉ bataillon

qui firent le service des tranchées de Montrouge et d'Arcueil, du 27 décembre au 29 janvier.

Ingénieurs et agents-voyers. — Un article du décret qui organisa la légion de Seine-et-Oisest ipulait que les agents-voyers, conducteurs de travaux et cantonniers seraient attachés au service topographique de l'état-major général [1]. Ils avaient été jusque-là, sous la direction de l'agent-voyer en chef, M. Dubois, occupés aux travaux des fortifications. L'ingénieur en chef, les ingénieurs ordinaires et plusieurs conducteurs des ponts-et-chaussées concoururent avec le génie aux opérations militaires. Les agents-forestiers [2] enrégimentés servirent d'éclaireurs dans les sorties, ainsi que plusieurs maires et habitants des environs de Paris. M. Douchain, inspecteur du service des eaux, eut le périlleux honneur de guider la première colonne d'attaque à Montretout, le 19 janvier.

§ 3. — SERVICES RENDUS PAR SEINE-ET-OISE A LA DÉFENSE NATIONALE HORS DE PARIS.

Dans toutes les administrations publiques, un grand nombre d'agents, empêchés de remplir leurs fonctions par la présence des Prussiens, allèrent offrir leurs services à la délégation de Tours. Quatorze percepteurs et employés des recettes générale et particulières s'engagèrent dans l'armée. Des fonctionnaires des contributions directes et indirectes, des domaines, des postes suivirent leur exemple. Beaucoup de facteurs, anciens soldats, reprirent leur fusil. Parmi les habitants, la plupart des célibataires en état de porter les armes

de Paris et ceux de Montmorency ; le 4e : ceux du canton de Gonesse (sud); le 5e : tous les autres hommes du département. Ce dernier fut désigné sous le nom de : *Légion de Seine-et-Oise* (sud).

[1] Ils furent appelés fréquemment dans les forts à apprécier les distances pour le tir du canon.

[2] On oublia les gardes-champêtres qui, en 1814, avaient été constitués en bataillon.

étaient partis pour défendre leur pays. Des hommes mariés et pères de famille avaient tout laissé pour aller se battre [1]. Dans l'arrondissement de Pontoise, M. Lefèvre-Pontalis[2], avec le concours de M. Riffard, maire des Mureaux, essaya de mobiliser, malgré la présence de l'ennemi, les gardes nationaux du département. Les Prussiens, informés de cette tentative par l'indiscrétion d'un journal anglais, vinrent pour l'arrêter; il leur échappa mais son projet ne put avoir de suite.

J'ai dit plus haut que M. Poulet-Lenglet avait recruté une compagnie de francs-tireurs dans les cantons au nord de la Seine, vers les derniers jours du mois d'octobre. Elle fut constamment à l'avant-garde des petits corps d'armée qui défendaient le département de l'Eure, et elle eut avec les Prussiens de nombreux engagements, notamment à Vernon, à Brionne, à Moulineaux. Le 4 janvier, la trahison d'un paysan, auquel on brûla la cervelle séance tenante, la fit tomber avec seulement cent quatre-vingts hommes dans une embuscade, à La Londe, où l'attendaient douze cents Prussiens. Elle leur tint tête depuis huit heures du matin jusqu'à deux heures de l'après-midi et se retira en bon ordre, après leur avoir fait éprouver des pertes sensibles. De son côté, elle eut un officier, le sous-lieutenant Joigneaux, et quatre hommes tués et dix blessés. Les francs-tireurs de Seine-et-Oise furent licenciés à Vassy, le 4 mars [3].

§ 4. — Secours aux blessés.

Quant à nous, demeurés prisonniers de l'ennemi, en suspens entre la capitale et la province, nous n'avions pu aider

[1] M. Desnos, ingénieur, conseiller général, maire de Montfermeil, dirigea, dans l'ouest, la confection des pièces d'artillerie et la transformation des fusils. Des cultivateurs, émigrés avec leurs chevaux et voitures, firent partie du train auxiliaire dans l'armée de la Loire.

[2] M. Lefèvre-Pontalis avait été demander à la délégation de Tours et avait rapporté des secours pour les incendiés de Mézières, Parmain, Breval, etc.

[3] M. Poulet-Langlet cite comme s'étant le plus distingués par leur bravoure: MM. Paley, lieutenant, de Vetheuil; Lépine, soldat, d'Oinville; Obry, sergent, de Lainville; Leroy, caporal, demeurant à Paris.

ni l'une ni l'autre. La société de secours aux blessés, seule, eut le bonheur de faire quelque chose pour les armées de Paris et de la Loire. Elle avait à l'avance préparé un millier de lits. Son président, M. Rameau, devenu depuis maire de Versailles [1], eut, dès le 19 août, l'idée d'en placer un certain nombre dans les salles du musée, afin de protéger le château, transformé en hôpital, contre toute éventualité. Une ambulance hollandaise s'y établit, le 12 septembre, et y arbora le drapeau néerlandais, qui eut la singulière fortune de couvrir, un instant, de sa protection le palais bâti par l'implacable ennemi des Pays-Bas. On y installa de suite quelques blessés français. Le lycée de Versailles et l'école de Saint-Cyr furent également mis à l'ombre de la convention de Genève. En outre, la société avança des fonds à l'hôpital militaire, demeuré sans ressources [2]. L'ennemi s'empara d'abord du château et, dans la suite, d'une partie de l'hôpital et de l'école militaire, sans changer leur destination.

Pour subvenir à ces frais énormes, il fallait de l'argent, et le département de Seine-Oise était épuisé par l'invasion. M. de Bussière partit quêter en Angleterre [3] ; et M. Rabot-Delaunay, en Normandie, où il alla de ville en ville faisant des conférences [4].

Cinq ambulances volantes, dirigées par MM. Rabot-Delaunay, Bourdilliat, Denevers, Pigeonneau et Roche, ne cessèrent, pendant tout le siége, de ramasser les blessés sur les champs de bataille, à l'ouest et au sud [5]. Ils donnaient leurs secours aux Prussiens comme aux Français, ne voyant plus qu'un frère dans l'ennemi blessé.

La contrée comprise dans le cercle d'investissement, et notamment les cantons de Longjumeau, Palaiseau, Versailles, Sèvres, Saint-Germain, Argenteuil, Montmorency, Ecouen, Gonesse, Boissy-Saint-Léger, Corbeil, était devenue un

[1] M. Horace Delaroche lui succéda dans la présidence.
[2] La compagnie d'infirmiers ne rougit pas d'y donner, en présence de l'ennemi, le scandale de l'indiscipline.
[3] Le comité anglais donna 62,656 fr. 25 c.
[4] Il recueillit 20,210 fr. 90 c. en argent, et pour 18,000 fr. de dons en nature.
[5] Les Prussiens leur interdirent celui de Champigny.

vaste hôpital. Corbeil surtout et les environs regorgeaient de malades et de blessés. On n'y comptait pas moins de 3,097 lits, occupés par les victimes de la guerre. Dans le reste du département, les ambulances furent moins rapprochées. Dans quatre cantons seulement, ceux de Bonnières, Meulan, Limours et Dourdan (sud) où, comme ailleurs, des lits avaient été offerts, on n'envoya aucun malade. Les Prussiens, dans un esprit de haine que la population française avait peine à comprendre, séparaient les blessés français des allemands. Nos religieuses, elles, ne firent aucune distinction dans les soins qu'elles prodiguèrent à tous [1]. Le clergé, autant que le lui permit la défiance de l'ennemi, les imita. Les capucins de Versailles se distinguèrent entre tous par leur dévouement. Un grand nombre de dames allaient visiter les blessés français, les distraire par des lectures, leur prodiguer ces attentions délicates qui font oublier les souffrances. Le personnel médical du département montra un dévouement et un désintéressement admirables.

Il faut rendre cette justice au général de Moltke qu'il facilita la mission de la société internationale. Les princes de Pless et de Putbus, délégués de la société allemande de secours, secondèrent aussi ses efforts avec un généreux empressement. A la fin de décembre [2], cette conduite changea tout-à-coup, et sans motif, le siége de la société, à Versailles, fut envahi par la force armée. Un lieutenant de police invita les membres à se séparer et à se transporter à l'armée de la Loire dont les blessés avaient besoin de soins. Leur propre intérêt fit, le lendemain, revenir les Prussiens sur cette mesure. Mais la charité ne laissa pas tomber cette invitation de porter secours à des compatriotes. M. le baron de Bussière, au moment où ses deux fils trouvaient une mort glorieuse sur les champs de bataille, et M. Rossew-Saint-Hilaire organisèrent une collecte à Versailles et provoquèrent des souscriptions qui, s'élevèrent à la

---

[1] M. Lenoir, instituteur à Bièvres, et sa femme établirent dans leur maison une ambulance où ils soignèrent, avec un dévouement digne d'éloges, trente-quatre Français et cinquante-deux Allemands.
[2] Le 28.

somme de 35,836 francs 10 centimes, sans compter des dons considérables en nature [1]. M. le vicomte de Romanet et MM. de Bammeville, de Bussière et le docteur Remilly allèrent les distribuer aux ambulances de l'armée de la Loire, qu'ils suivirent jusqu'au delà du Mans. Un autre membre de la société, M. Roche, s'arrêta aux environs de Loigny où, après la bataille livrée le 2 décembre, étaient restés quatre cents blessés, couchés sur la paille, dans des maisons à moitié démolies, sans autres couvertures que leurs capotes ensanglantées, par un froid de neuf degrés, n'ayant à manger que la viande des chevaux gisants sur le lieu du combat. Après leur avoir distribué les secours qu'il apportait, il en emmena à Versailles autant que sa voiture pouvait en contenir, et recommença plusieurs fois cette charitable expédition.

Mais aucun des sociétaires ne s'exposa à plus de fatigues que M. Rabot-Delaunay [2], inspecteur des ambulances pour le comité de Versailles. Après avoir parcouru tous les champs de bataille sous Paris, visité, à diverses reprises, les ambulances de la société, fait, dans les départements non occupés, plusieurs voyages pour y chercher des ressources et organiser sur son passage des ambulances pour l'armée de la Loire, il obtient des Prussiens, à la suite de longues et difficiles négociations, l'autorisation de rapatrier les blessés français que, depuis le commencement de la guerre, l'ennemi envoyait, à peine guéris, défiler dans les villes allemandes, comme des témoins des défaites sanglantes de la France. Il part avec quelques courageux compagnons, ramasse tous les convalescents dans les hôpitaux des départements de Seine-et-Oise, de l'Aisne et de l'Oise, et les ramène à Versailles par la neige et le verglas, dans des chemins affreux où l'on est obligé de pousser aux roues pour faire avancer les voitures. Dans tous les villages, les populations entourent ces convois,

[1] *Compte-rendu* publié le 15 juillet 1871. Ils recueillirent en outre 97,058 fr. et des offrandes en nature pour les victimes de la guerre. 50,000 fr. sur cette somme furent réservés aux habitants de Garches.

[2] Secrétaire général du conseil d'hygiène du département.

apportent le peu de provisions qu'elles ont pu arracher au pillage et les reconduisent au cri de « vive la France! » En quelques endroits, les Allemands eux-mêmes adoucissent leur rigueur accoutumée. Le prince royal de Saxe, commandant de la 4° armée, fait précéder les voitures d'estafettes qui lèvent toutes les consignes sur leur passage. A Sarcelles, l'état-major d'un corps d'armée, qui était à dîner, quitte la table et apporte lui-même aux blessés français les mets, les vins, le dessert qu'on vient de servir devant lui. Enfin, le convoi touche aux derniers avant-postes et va sortir des lignes ennemies, lorsque, à Dreux, les Prussiens, qui ne sont généreux qu'à regret, se ravisent et veulent le forcer à rebrousser chemin et à retourner à Versailles. Mais M. Rabot résiste énergiquement et passe outre. Il conduit ses blessés jusqu'en Normandie. Partout on les accueille avec empressement. A Caen, la municipalité leur fait préparer, dans les salons de la mairie, un repas, servi par la femme et la fille du maire et les dames de cette ville, si française et si bienfaisante.

Après la capitulation de Paris, M. Roche se chargea du rapatriement des blessés allemands, laissés dans les ambulances des départements de l'ouest. Ce voyage fut moins périlleux sans doute, mais il ne fallut pas moins que toute l'abnégation de la charité chrétienne pour obliger un Français à s'en aller de ville en ville, en compagnie de Prussiens, parmi des populations où, la veille encore, ceux-ci promenaient le massacre, le pillage, l'incendie et l'insulte [1].

§ 3. — PRISONNIERS FRANÇAIS.

Nous ne voyions plus, hélas! l'uniforme français que sur des soldats blessés ou captifs. Autour de Paris, les

[1] La Société de secours aux blessés de Versailles a reçu en tout une somme de 469,464 fr. 71 c. Il faut signaler parmi les dons les plus importants ceux du comité de Bordeaux : 10,000 fr.; du comité russe : 20,750 fr.; des habitants de Versailles : 13,368 fr. 07 c. Sur cette somme, 140,939 fr. 15 c. ont été employés pendant la guerre. La société a, en outre, reçu et distribué des secours en nature pour environ 150,000 fr.

Prussiens ne faisaient qu'un petit nombre de prisonniers [1]; mais dans le midi du département, il en passait des
milliers. Les habitants, les femmes surtout, couraient au
devant d'eux, leur portant des vivres, des vêtements, de
l'argent sans se rebuter de la brutalité de leurs gardiens qui
les frappaient à coups de crosse de fusil et les renversaient
à terre. Le 4 décembre, à Rambouillet, la municipalité fit
apprêter un dîner pour trente-un officiers, pris à Orgères.
Quinze cents soldats les suivaient. Riches et pauvres de la
ville et des villages environnants s'empressèrent, à leur arrivée et le lendemain avant leur départ, de leur donner de la
soupe, du pain et des cigares. Les cantons de Méréville,
Milly, Etampes, la Ferté-Alais et Arpajon en virent passer un
plus grand nombre. Corbeil en a compté juqu'à quarante-cinq
mille. Souvent les Prussiens les traitaient avec une barbarie
indigne d'hommes portant le nom de soldats. Un commandant,
près de La Ferté-Alais, fit passer la nuit du 9 au 10 décembre, à
trois mille hommes, par un froid de quinze degrés, en plein
air, dans le parc de Montmirault.[2] A dix heures du soir, ils n'a-
vaient pas encore reçu de nourriture. On entendait au loin
les clameurs de ces malheureux dont un grand nombre mourut. La vue de cette cruauté excita chez les habitants le désir
de procurer à leurs compatriotes des moyens d'évasion. Les
femmes cachaient sous leurs jupes des vêtements bourgeois
qu'elles laissaient tomber dans leurs rangs. A Cheptainville,
à Milly, à Méréville et dans toutes les communes où ils passaient, beaucoup de Français réussirent ainsi à s'enfuir. Un
ancien militaire, à Beaulieu,[3] en fit, à lui seul, échapper une
centaine. A Corbeil, plusieurs habitants [4], combinant leurs

[1] Il n'en vint à Versailles que quelques petits convois. A Gonesse, on
enferma dans l'église cinq cents prisonniers, après le premier combat du
Bourget; deux cents, après le second. Dans l'église de Wissous, après la
sortie de l'Hay, on en mit trois cents. Orsay en vit un jour treize cents à la
fois.
[2] Canton de Cerny.
[3] Commune de Marolles-en-Hurepoix.
[4] MM. Pollet fils, Albert Lorenzo, peintre, Robuder, interprète, Mignot,
le frère Cabaille (écoles chrétiennes), Tiel, marchand de vins, à Corbeil;
Mlle Quentin, M. Hauvette et sa fille à Essonnes; Mademoiselle Varambon,
à Echarcon.

efforts, en cachèrent successivement près de deux mille. Dès qu'on pouvait tromper la surveillance prussienne, on les expédiait à Melun, où M. Félix, horloger, se chargeait de les diriger sur leurs corps. La population de Corbeil fut admirable de charité envers nos soldats prisonniers. Au premier rang, il faut citer les magistrats et leurs femmes, et particulièrement M. de Biragoe, juge-suppléant, dont le dévouement fut sans mesure.

Les prisonniers civils faits par l'ennemi furent, on le pense bien, l'objet des mêmes attentions que les prisonniers militaires. A Versailles, M. Hardy veillait sur eux avec une sollicitude incessante. Dès qu'il apprenait une arrestation, il courait chez les geôliers avec des vivres et des couvertures. Sa charité inspira le respect aux Prussiens eux-mêmes, et il mérita d'être appelé le *bon ange de la prison* [1]. Partout, du reste, on pourrait citer des traits semblables. Mme la duchesse de Chevreuse [2], dont le fils trouva la mort sur le champ de bataille de Loigny, se faisait l'avocat des accusés traduits devant le conseil de guerre du Mesnil-Saint-Denis. Les curés, les maires, les personnes notables ne reculèrent devant aucune démarche pour assister ceux de leurs concitoyens qui avaient encouru les rigueurs de l'ennemi. Ils entreprenaient de longs et périlleux voyages pour les retrouver et ne rentraient qu'après avoir obtenu de les ramener avec eux.

§ 6. — Les habitants dans Seine-et-Oise.

Il est juste de dire que la population toute entière a donné des exemples de désintéressement et de générosité, d'autant plus méritoires que, épuisée dans le présent par l'ennemi du dehors, elle pressentait que l'ennemi du dedans lui réservait pour l'avenir de nouveaux désastres. Et néanmoins,

[1] L'académie française vient de lui décerner un prix Monthyon.
[2] A Dampierre.

on vit presque tous ces négociants, dont on accuse la cupidité,
donner leur marchandise à un crédit illimité. M. Darblay,
de Corbeil, fournit ainsi du pain presque à toute la contrée [1]. Pour nourrir les ouvriers sans travail, les municipalités
firent aux personnes aisées un appel auquel ces dernières
répondirent avec le plus louable empressement. Les contribuables, saignés à blanc par l'ennemi, allèrent spontanément,
partout où il restait des receveurs français, acquitter les
droits d'enregistrement ou même les impôts [2]. M. Vasserot,
sous-préfet de Pontoise, qui, traqué par les Prussiens, transporta le siége de son administration dans l'arrondissement de
Mantes et parvint à déjouer leurs poursuites, et M. Vivaux,
sous-préfet d'Etampes, demeuré à son poste, firent payer
les fonctionnaires et les rentiers sur les caisses des receveurs des contributions indirectes et des domaines. Ces
deux fonctionnaires continuèrent à remplir les dangereuses
fonctions d'intendant militaire et à délivrer des feuilles de
·· ··· Ils s'appliquèrent à entretenir avec les maires des
relations clandestines pour leur donner des conseils de fermeté et de prudence, et à envoyer aux généraux de nos
armées et au gouvernement de la défense nationale tous les
renseignements qu'ils purent recueillir sur les mouvements
des troupes ennemies [3]. A Mantes, M. Mollandin, président
du tribunal, organisa une société qui recueillit et distribua
5,623 fr. [4]. La charité anglaise vint au secours de notre infortune et mit à la disposition d'un comité, présidé par Mgr
l'évêque de Versailles, une somme de 184.042 francs. Après
les horreurs sous lesquelles la barbarie prussienne a étouffé,
un moment, la civilisation de dix-huit siècles chrétiens, il ne
faut pas moins que le tableau de cette générosité pour ne
pas désespérer de l'avenir de l'espèce humaine.

[1] Pour alléger le fardeau des logements militaires imposés aux habitants,
il transforma en casernes ses immenses magasins. A Epinay-Champlâtreux,
M. le duc d'Ayen, qui fit l'avance de la contribution de guerre, soulagea les
habitants en logeant la garnison ennemie dans les dépendances de son château.

[2] A Bonnières, où l'ordre d'évacuation n'était pas parvenu au percepteur.

[3] M. Vivaux alla en outre chercher à Bordeaux une somme de 100,000 fr.
qui fut de même répartie entre les créanciers de l'état.

[4] Une société de charité, représentée par M. le curé, y ajouta 2,000 fr.

La ville de Versailles se distingua entre toutes par son dévouement à la chose publique et sa bienfaisance. Le maire, M. Rameau, saisit d'abord en mains tous les intérêts de l'état et ceux du département, qui n'avaient plus de représentants. Il prit des arrêtés pour faire respecter les propriétés domaniales par les maraudeurs. Il proposa au conseil municipal de payer les employés de l'ancienne liste civile et les fonctionnaires des divers ordres, de soutenir l'hôpital militaire, de nourrir les prisonniers. Le conseil le seconda de tout son pouvoir ; il subventionna des fourneaux économiques, entreprit des travaux de pavage pour occuper les ouvriers, distribua des secours en argent et en nature à tous les malheureux. La misère gagnait des classes de la population qu'elle n'atteint pas d'ordinaire. Une caisse de prêts et avances fut instituée. Des personnes riches offrirent pour alimenter cette œuvre des sommes considérables sans réclamer d'intérêts. Le conseil recueillit et nourrit les habitants expulsés de Bougival, de Garches, de Meudon et de Saint-Cloud. Sa charité s'étendit jusque sur l'hospice Brezin [1], auquel il donna des secours.

Mais il ne montra pas moins de fermeté que de compassion. Jamais il ne s'inclina devant l'ennemi. On ne peut lui reprocher aucune démarche humiliante ou suspecte; cependant il n'affecta aucune pose déclamatoire et il garda constamment une simplicité et une modération de bon goût. Un exemple donnera l'idée du soin jaloux avec lequel ie évitait de compromettre sa dignité. Guillaume venait de remettre à la ville une contribution de guerre de 400,000 francs. La politesse, aussi bien que l'intérêt, exigeait qu'on lui présentât un remercîment. Le conseil discuta longuement le mode qu'il adopterait pour l'exprimer. Une lettre avait l'inconvénient de laisser entre les mains des Prussiens une pièce dont ils pouvaient abuser; une députation paraissait trop solennelle. On décida que le maire irait seul. M. Rameau se rendit chez le roi qui, ne pouvant le recevoir, le fit inviter à

[1] A Garches. Lorsque les Prussiens incendièrent le village, l'énergie de M. Bourdereau, directeur, sauva l'établissement qui contenait cinq cents vieillards.

9

dîner. Il refusa, en répondant qu'il ne convenait pas à un maire français de s'asseoir à la table de l'ennemi de son pays. Dans ses relations avec les autorités allemandes, il ne se départit pas un instant de cette conduite. Il fallut une réquisition expresse et une menace d'amende pour qu'il consentît à donner à M. de Brauchitsch le nom de *préfet*. Malgré la présence de l'ennemi, il prépara la réorganisation de la garde nationale, afin qu'elle pût être mobilisée sans délai, à la première occasion propice; et le conseil municipal vota, pour offrir des canons au gouvernement français, une somme de 100,000 francs, que M. Barbu alla mettre à la disposition de la délégation à Bordeaux [1]. Ainsi, le courage civil sauvait du moins, au quartier-général de l'armée ennemie, l'honneur du drapeau français, qui ne cessa de flotter sur l'hôtel-de-ville [2].

Les Prussiens se plaisaient à accuser les Français d'égoïsme et de démoralisation. Un regard jeté autour d'eux aurait suffi, s'ils eussent été capables d'un sentiment de justice envers leur adversaire, pour les obliger à rétracter cette calomnie. Qu'il se soit trouvé une centaine de fermiers assez vils pour se faire pourvoyeurs de l'ennemi, et un jury assez peu patriote pour les absoudre; que quelques épiciers et bouchers aient spéculé sur la misère publique; qu'une bande de malfaiteurs [3] aient profité du désordre pour piller les campagnes, dans certaines parties des arrondissements de Mantes et de Rambouillet; que quelques misérables aient vendu à la Prusse leurs dénonciations et leurs services, il n'est dans mes intentions ni de le nier ni de l'excuser. Dans ce monde, le crime coudoie, partout et toujours, la vertu. Mais les esprits impartiaux, qui

[1] Elle ne fut pas employée et rentra dans les caisses de la ville. M. Barbu fit, en même temps, à M. Charton un rapport qui, écrit sous l'impression du moment, est un témoin curieux de la situation. La ville de Rueil et les réfugiés d'Argenteuil et de Verrières-le-Buisson offrirent aussi des canons au gouvernement de Paris.

[2] Voyez les pièces de l'administration de la ville de Versailles dans la publication de M. Delerot, conseiller municipal, sur *Versailles pendant l'occupation*, livre qui présente à la fois l'intérêt d'un journal des événements et l'autorité d'un recueil de documents officiels.

[3] On les désignait sous le nom de *pauvres de nuit*.

connaissent par l'étude de l'histoire les désordres et les forfaits que les troubles civils, joints à la guerre étrangère, ont enfantés en d'autres temps, et qui voudront comparer, porteront sur nous, je n'en doute pas, un jugement dans lequel l'éloge l'emportera de beaucoup sur le blâme. Assurément, il nous sied d'être modestes, et ce n'est pas le moment, après de semblables catastrophes, de se vanter. Il ne faut cependant pas non plus se dénigrer à plaisir.

On le voit par l'exposé qui précède : surpris à la fois par la révolution et l'invasion, nous n'avons manqué ni de courage ni de dévouement à la chose publique, ni de charité, ni de concorde. L'ennemi n'a trouvé devant lui que des Français. Un jardinier de Bougival, François Debergue, accusé d'avoir rompu cinq fois le télégraphe prussien, est amené le 26 septembre, devant un conseil de guerre. Comme on va procéder à une enquête pour établir sa culpabilité qui n'est pas bien prouvée, il arrête le président par ces mots : « J'ai coupé les fils té-
» légraphiques, et si j'étais libre, je le ferais encore, parce
» que je suis Français. » Cette héroïque réponse lui valut la mort qu'il reçut le front haut [1]. Que ce titre de français, que tant de braves gens ont payé de leur sang et qui nous a ralliés devant l'ennemi, soit, dans la paix comme pendant la guerre, le mot d'ordre de tous les hommes de cœur, partisans de la monarchie ou de la république, et qu'il ef_ face enfin les dénominations de partis. N'ayons plus qu'une passion, celle de la patrie. Sacrifions-lui nos rancunes, nos divisions, nos intérêts, et tous ensemble travaillons à *refaire la France*.

---

[1] Debergue était veuf ; il a laissé trois orphelins. — Il convient de mettre à côté de ce trait de courage la belle conduite du tambour de ville de Sèvres, Foury. Comme il battait le rappel, sur l'ordre du maire, pour faire rentrer les gardes nationaux à Paris au moment de l'investissement, il rencontra des uhlans qui lui ordonnèrent, sous menace de mort, de cesser. Il continua ; un soldat lui fit sauter la cervelle.

LISTE ALPHABÉTIQUE

DES NOMS DE COMMUNES CITÉS

Les chiffres renvoient aux numéros des pages.

L'abréviation *n* signifie *note*.

Les noms de lieux en italique indiquent les cantons.

A

Abbeville, *Méréville*, 64.

Ablis, *Dourdan-Sud*, 21 à 23, 91.

Ablon, *Longjumeau*, 9, 10, 62 n. 1.

Alluets-le-Roi (les), *Poissy*, 19, 113.

Andresy, *Poissy*, 12, 63.

Angerville, *Méréville*, 25, 26.

Argenteuil, 52, 84 n. 2, 88, 103, 119, 130 n. 1.

Argenteuil (canton d'), 122.

Arnouville, *Mantes*, 62, n. 4.

Arpajon, 24, 38, 52, 102 n., 113.

Arpajon (canton d'), 2 n., 126.

Asnières-sur-Oise, *Luzarches, Royaumont*, 12.

Athis-Mons, *Longjumeau*, 9, 65, 85, 114.

Aubergenville, *Meulan*, 18.

Auffargis, *Rambouillet*, 20.

Auffreville, *Mantes*, 56.

Aulnay-lez-Bondy, *Gonesse*, 7 n. 2, 12, 54, 84 à 86, 104, 107, Monnerville, 92.

Authon-la-Plaine, *Dourdan-Sud*, 62.

Autouillet, *Montfort*, 53.

Auvers-sur-Oise, *Pontoise*, 12 n. 28.

Avernes, *Marines*, 65.

B

Beaumont-sur-Oise, *l'Isle-Adam*, 12, 67, 112.

Behoust, *Montfort*, 52.

Belloy, *Luzarches*, 4 n. 1.

Bezons, *Argenteuil*, 76 n. 2, 85.

Bièvres, *Palaiseau*, 10, 11, 123 n. 1.

Blaru, *Bonnières*, 56, 57, 104.

Boinville-le-Gaillard, *Dourdan-Sud*, 32, Bréau, 32.

Boissy-le-Sec, *Étampes*, 26.

Boissy-Mauvoisin, *Bonnières*, 56.

Boissy-Saint-Léger, 87.

Boissy-Saint-Léger (canton de), 2 n., 9, 13, 91, 111, 112, 122.

Bonnières, 19, 113 n. 1, 128 n.

Bonnières (canton de), 57, 123.

Bougival, *Marly*, 66, 85, 90, 91, 115, 129, 131, Val-d'Anglas (le), 105 n. 2.

Bouray, *La Ferté-Alais*, 67 n.

Boutigny, *La Ferté-Alais*, 105 n. 1.

Bray-et-Lû, *Magny*, 29.

Breval, *Bonnières*, 56, 112, 121 n. 2.

Brières-les-Scellés [1], *Étampes*, 31.

Breuil, *Limay*, 18 n. 2.

Brunoy, *Boissy-Saint-Léger*, 64.

Bruyères-le-Châtel, *Arpajon*, 53.

Buc, *Versailles-Sud*, 31 n. 2.

Bures, *Palaiseau*, 64.

---

[1] C'est par erreur que dans le texte on a écrit : *Bruyères-les-Scellés*.

C

D

E

F

Falaise (la), *Mantes*, 19.
Ferté-Alais (la), 24, 25, 101, 112, 126.
Ferté-Alais (canton de), 102, 126.
Fontaine-la-Rivière, *Méréville*, 25, Courpain, 25, 26.

Fontenay-les-Briis, *Limours*, 31.
Fontenay-Saint-Père, *Limay*, 54 à 57.
Forêt-Sainte-Croix (la), *Méréville*, 25.
Franconville, *Montmorency*, 62 n. 2.

G

Garancières, *Montfort*, 52.
Garches, *Sèvres*, 85, 93, 105, 106, 119, 124 n. 1, 129.
Garges, *Gonesse*, 86, 104, 126 n.
Gazeran, *Rambouillet*, 20.
Gonesse, 12, 85, 126 n. 1.

Gonesse (canton de), 119 et 120 n. 1., 122.
Gournay-sur-Marne, *Gonesse*, 12, 13, 62 n. 2, 85, 92, 103, 105, 114.
Gressey, *Houdan*, 55.

H

Herbeville, *Meulan*, 19, 39.
Herblay, *Argenteuil*, 39.

Houdan, 19, 58, 112, 114.
Houilles, *Argenteuil*, 7 n. 1, 14, 84.

I

Igny, *Palaiseau*, 87, 88.
Isle-Adam (l'), 12, 27, 112, Stors, 27, 28.

Isle-Adam (canton de l'), 57.
Itteville, *la Ferté-Alais*, 24.

J

Janvry, *Limours*, 53.
Jouars-Pontchartrain, *Chevreuse*, 54 n. 2.
Jouy-en-Josas, *Versailles-Sud*, 68, 103.

Jouy-le-Comte, *l'Isle-Adam*, 27, 52, Parmain, 27, 28, 121 n. 2.
Juvisy-sur-Orge, *Longjumeau*, 13, 14.

L

Labbeville, *l'Isle-Adam*, 27.
Lainville, *Limay*, 121 n. 3.
Lévy-Saint-Nom, *Chevreuse*, 52 n. 2.
Limay (canton de), 18, 111.
Limeil-Brevannes, *Boissy-Saint-Léger*, 83 n. 1, 91, 103.
Limetz, *Bonnières*, 56, 63.

Limours (canton de), 123.
Livry, *Gonesse*, 107.
Longjumeau, 10.
Longjumeau (canton de), 2 n., 122.
Luzarches, 113.
Luzarches (canton de), 7 n. 1, 57,

M

N

O

P

Palaiseau, **11**, 67 n., 91, **101**.
Palaiseau (canton de), 2 n., 122.
Pecq (le), *Saint-Germain*, 11, 15.
Perdreauville, *Bonnières*, 56.
Perray (le), *Rambouillet*, 20, 30.
Persan, *l'Isle-Adam*, 28, 29.
Plessis-Gassot (le), *Écouen*, 64.
Poigny, *Rambouillet*, 20, 21.
Poissy, 5, **11**, 12, 30, 55, 57, 58 n. 3, **101**, 112, 114.

Pontoise, 2 n., **12**, 27, **40**, 47, **48**.
Pontoise (arrondissement de), 2 n., 39, 40, 45 n., 46 n. 2, 47, 51 n., 101 n., 103 n. 1 et **2**, 107 n., **111**, 115 et 116 n., 121, 128.
Presles, *l'Isle-Adam*, 27, 29.
Prunay-sous-Ablis, *Dourdan Sud*, 22,
Puiselet-le-Marais, *Milly*, 31.
Pussay, *Méréville*, 25.

R

Raincy (le), *Gonesse*, 63, 66.
Raizeux, *Rambouillet*, 19 n. 3.
Rambouillet, 2 n., 7, 8, 19 à 21, 30, 40, 48, 52, 80, 112 n. 2, 114, 126.
Rambouillet (arrondissement de), 2 n., 39, 40, 45 n., 46 n. 2, 51 n., 102 n. 2, 104 n. 1 et 2, 108 n., **115** et **116** n., 130.
Ris, *Corbeil*, 112.

Rochefort, *Dourdan-Nord*, 20, 53.
Rocquencourt, *Versailles-Ouest*, 11, 15.
Ronquerolles, *l'Isle-Adam*, 27.
Rosny, *Mantes*, 18.
Rueil, *Marly*, 63, 83 n. 2, 97, 100 n., 119, 130 n. 1.,
  Buzenval, 105, 118, 119,
  Jonchère (la), 63, 90,
  Malmaison (la), 108.

S

Saclay, *Palaiseau*, 17.
Sannois, *Argenteuil*, 84.
Sarcelles, *Écouen*, 87, 103, 125.
Sartrouville, *Argenteuil*, 14, 115
Septeuil, *Houdan*, 62.
Sevran, *Gonesse*, 83 n. 3.
Sèvres, 66, 85, 86, 89, 90, 104, 119 n., 131 n.
Sèvres (canton de), 2 n., 122.
Soisy-sous-Etiolles, *Corbeil*, 15.
Sucy, *Boissy-Saint-Léger*, 91, 103, 107.
Saint-Brice-sous-Forêt, *Écouen*, 28.
Saint-Chéron, *Dourdan-Nord*, 53.
Saint-Cloud, *Sèvres*, 1, 66, 85, 88, 93, 104, 106, 108 119, 129, Montretout, 93, 120.
Saint-Cyr-en-Arthies, *Magny*, 62 n. 5.
Saint-Cyr-l'Ecole, *Versailles-Ouest*, 3, 122.

Saint-Germain-en-Laye, **2 n.**, **15**, 16, 32, 41 n. 2, 57, 61 n., 69, 92, 112, 114.
Saint-Germain-en-Laye (canton de), 122.
Saint-Germain-lez-Corbeil, *Corbeil*, 10.
Saint-Hilarion, *Rambouillet*, 20.
Saint-Illiers-la-Ville, *Bonnières*, 56.
Saint-Illiers-le-Bois, *Bonnières*, 39.
Saint-Léger-en-Yvelines, *Rambouillet*, 21, 30.
Saint-Nom-la-Bretèche, *Marly*, 17, 19.
Saint-Ouen-l'Aumône, *Pontoise*, Epluches, 12 n.
Saint-Prix, *Montmorency*, 55, 64, 66, 85.
Saint-Remy-lez-Chevreuse, *Chevreuse*, 64.
Sainte-Geneviève-des-Bois, *Longjumeau*, 105.

T

Thillay (le), *Gonesse*, 42.
Torfou, *la Ferté-Alais*, 24.
Tremblay, *Gonesse*, 12.

Tremblay (le), *Montfort*, 20, 54 n. 2.
Triel, *Poissy*, 12, 14, 17.

V

Valenton, *Boissy-Saint-Léger*, 91, 103.
Vallangoujard, *l'Isle-Adam*, 27.
Valmondois, *l'Isle-Adam*, 27.
Vaucresson, *Sèvres*, 93.
Velizy, *Versailles-Sud*, 11, 92, 106, Villacoublay, 11.
Vernouillet, *Poissy*, 12, 113.
Verrières-le-Buisson, *Palaiseau*, 15, 84, 130 n. 1.
Versailles, 2 n., 4, 6 à 8, 10, 11, 13, 15, 32, 33, 35 à 42, 45, 47 à 52, 58 à 63, 65, 66, 69 à 71, 78 à 80, 85, 87, 90, 91, 93, 94 n. 2, 95, 102 n. 1, 105, 106, 109, 112 n. 3, 119, 122 à 130, Montreuil, 39, Satory, 3.
Versailles (arrondissement de), 2 n., 38 à 40, 45 n., 46 n. 2, 51 n., 102

n. 2, 104 n. 1 et 2, 108 n., 115 n.
Versailles (cantons de), 2 n., 3, 122.
Vetheuil, *Magny*, 121 n. 3.
Viarmes, *Luzarches*, 113.
Vieille-Eglise, *Rambouillet*, 20.
Vigneux, *Boissy-Saint-Léger*, 9.
Ville-d'Avray, *Sèvres*, 84, 104.
Ville-du-Bois (la), *Palaiseau*, 31, 54 n. 1, 67 n.
Villeneuve-Saint-Georges, *Boissy-Saint-Léger*, 9, 10, 13, 87.
Villers-en-Arthies, *Magny*, 52, 65.
Villiers-Adam, *l'Isle-Adam*, 27.
Villiers-le-Bel, *Ecouen*, 87, 92.
Villiers-sur-Marne, *Boissy-Saint-Léger*, 91, 117.
Viroflay, *Versailles-Nord*, 46 n. 1, 63, 119 n.

W

Wissous, *Longjumeau*, 126 n. 1.

Y

Yerres, *Boissy-Saint-Léger*, 64, 87, 104.

TABLE DES MATIÈRES.

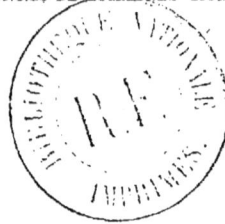

VERSAILLES, 59, RUE DU PLESSIS, CERF & FILS, IMPRIMEURS DE LA PRÉFECTURE.

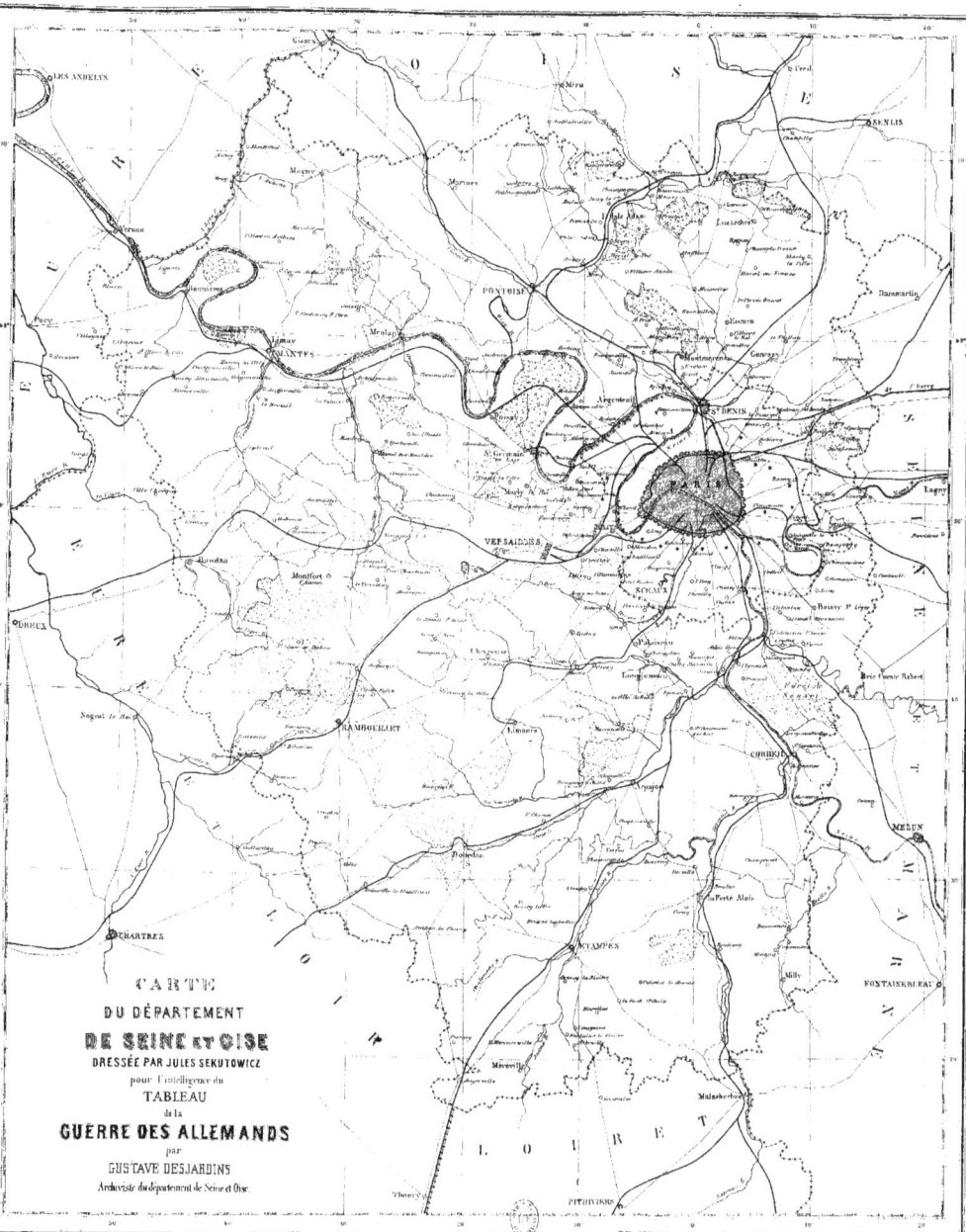

CARTE
DU DÉPARTEMENT
DE SEINE ET OISE
DRESSÉE PAR JULES SEKUTOWICZ
pour l'intelligence du
TABLEAU
de la
GUERRE DES ALLEMANDS
par
GUSTAVE DESJARDINS
Archiviste du département de Seine et Oise

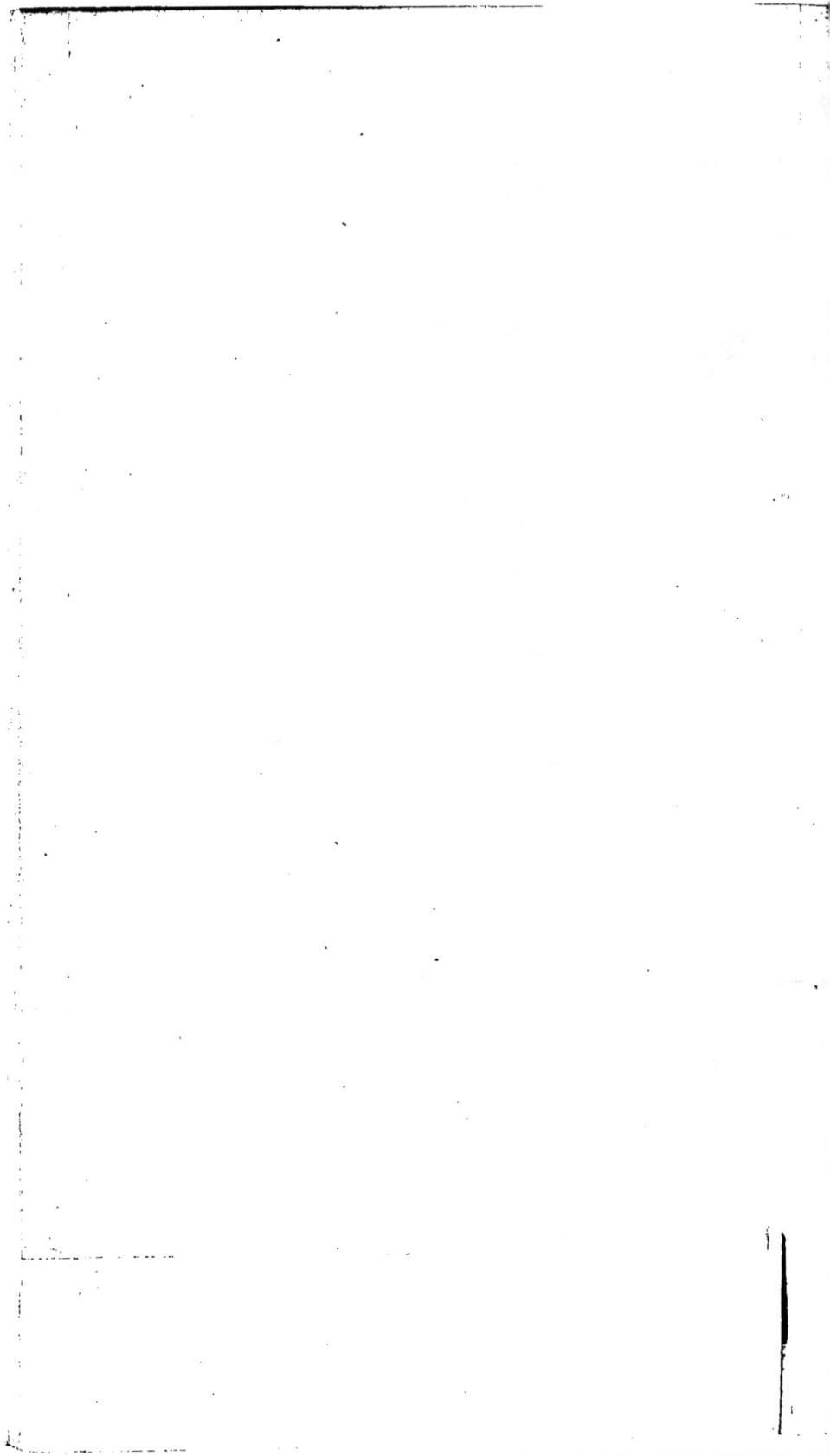

www.ingramcontent.com/pod-product-compliance
Lightning Source LLC
Chambersburg PA
CBHW072122090426
42739CB00012B/3037